Die coolsten Ausreden für Schüler

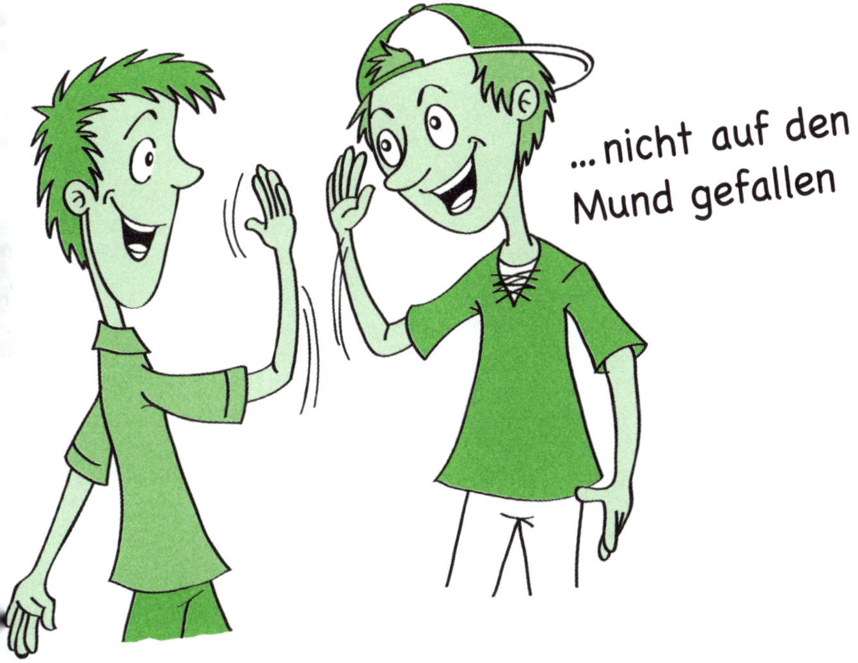

...nicht auf den Mund gefallen

© Compact Verlag GmbH
Baierbrunner Straße 27, 81379 München
Ausgabe 2016

Text: B. J. Leicht
Illustrationen: Tobias Thies
Redaktion: Patrizia Gottwald
Produktion: Ute Hausleiter
Gestaltung: Roman Bold & Black
Umschlaggestaltung: Hartmut Baier, PIXELCOLOR

ISBN 978-3-8174-9956-4
381749956/1

www.compactverlag.de

Vorwort

Egal ob der Hund die Hausaufgaben gefressen hat, die Turnschuhe durchgelatscht sind, die Tram einen Platten hatte oder die Tätowierung auf dem Unterarm kein Spicker ist – mit den hier über 800 abgedruckten Schülerausreden findest du zu verschiedenen Themen und Situationen garantiert die perfekte und passende Ausrede!

Denn eine passende Ausrede kommt immer besser an als die „trockene" Wahrheit. Und mit ein bisschen Glück wird dir vielleicht verziehen oder ein Auge zugedrückt und sogar mit dir gelacht. Probier's einfach mal aus!

Viel Spaß beim Schmökern und viel Erfolg beim Flunkern!

Inhalt

Zu spät ist nicht früh genug

Ich habe mich auf dem Weg zur Schule verlaufen.

Ich musste einem Eichhörnchen mit einer Wiederbelebung das Leben retten.

MEINE MAMA WOLLTE MICH HEUTE NICHT GEHEN LASSEN.

Mein Fahrrad ist nicht angesprungen, da musste ich schieben.

Meine Katze hatte mich heute Morgen in mein Zimmer eingesperrt.

Mein Papa hat gesagt, ich soll ruhig noch sitzen bleiben und eine Tasse Milch mehr trinken, wenn ich schon verschlafen habe. Sarkasmus war noch nie meine Stärke.

Mein Hund hat heute Nacht mein Handy zerlegt, das ich als Wecker nutze, deshalb hat es mich heute nicht geweckt.

Ich bin jeden Tag zehn Minuten früher da. Da dachte ich mir heute Morgen, ich komme später und gleiche das Zeitkonto aus.

Meine Mutter isst seit Tagen Kohlsuppe und wir bekommen auch nichts anderes! Herr Lehrer, versuchen Sie mal unter diesen Umständen zehn Minuten Bus zu fahren!

Mir war übel, deshalb war ich an der frischen Luft.

ICH BIN ZU SPÄT NACH DEM STUNDENWECHSEL, WEIL MEINE MUTTER MICH KURZ SPRECHEN WOLLTE, DA SIE SPONTAN VERREISEN MUSS.

Mir ist auf dem Schulweg eine gute Fee erschienen, die mir drei Wünsche geschenkt hat und ich konnte mich nicht so schnell entscheiden.

Ein fehlender Schüler reißt ganz außer
Atem die Klassentür auf und keucht:
„Entschuldigen Sie vielmals die Verspätung,
aber ich habe mich verspätet!"

**Gestern habe ich auf dem Schulball etwas
zu viel getrunken und konnte deshalb heute
Morgen meinen Kopf nicht so schnell bewegen.**

Mein künstliches Kniegelenk ist hängen
geblieben, als ich aus dem Bett steigen wollte.

Die öffentlichen
Verkehrsmittel wurden
bestreikt, da musste
ich laufen.

SCHULE

MEIN KLEINER BRUDER HAT MEINEN WECKER EINE STUNDE NACH HINTEN GESTELLT.

ICH HABE EINER ÄLTEREN DAME ÜBER DIE STRASSE GEHOLFEN. DIE GING SO LANGSAM, DASS ICH JETZT ZU SPÄT ZUM UNTERRICHT GEKOMMEN BIN.

Der Busfahrer hat mich auf der Hälfte der Strecke aus dem Bus geworfen, sodass ich die zweite Hälfte laufen musste.

MEIN FAHRRADSATTEL WURDE GEKLAUT UND ICH HABE ES ERST GEMERKT, ALS ICH MICH MIT SCHWUNG DARAUFSETZTE, WEIL ICH OHNEHIN SCHON ZU SPÄT DRAN WAR. ANSCHLIESSEND BRACHTE MICH MEINE MUTTER ZUM ARZT.

Ich konnte heute Morgen auf die Schnelle meinen zweiten Schuh nicht finden.

Ich wusste nicht, in welchem Klassenzimmer wir nun Unterricht haben und meine Klassenkameraden waren schon alle verschwunden.

Auf dem Weg zur Schule gab es ein Erdbeben und ich musste eine riesige Erdspalte umgehen.

Der Busfahrer hat nicht an meiner Haltestelle gehalten.

Meine Milch hat so lange zum Abkühlen gebraucht und ich darf erst das Haus verlassen, wenn ich meine Milch ausgetrunken habe.

Mein Wecker hat nicht geklingelt.

MEIN MOPED HAT PLÖTZLICH GESTREIKT, DA MUSSTE
ICH EWIG AUF DEN ABSCHLEPPDIENST WARTEN.

Ein anderer Lehrer hat mich
im Stundenwechsel aufgehalten.

VOR MIR IST AUF DEM SCHULWEG JEMAND
GESTÜRZT, DA MUSSTE ICH AUF DEN
KRANKENWAGEN WARTEN.

Mein Smartphone war heute Morgen noch nicht ganz geladen, da musste ich noch etwas warten.

Ich war Zeuge bei einem Unfall.

Durch widrige Wetterverhältnisse, starker Regen und Gegenwind, habe ich mich leider verspätet.

Lehrer zum Schüler, als dieser verspätet das Klassenzimmer betritt: „Wie kann ich dir helfen?"
Schüler: „Ich bin geholfen genug, ich war Ersthelfer bei einem Unfall."

Ein Schüler erscheint zu spät zum Verkehrs-
kundeunterricht und entschuldigt sich mit:
„Verzeihung, der Straßenbahnfahrer ist
falsch abgebogen und musste einen riesen
Umweg fahren."

Lehrer: „Du kommst schon wieder
zu spät zur neuen Stunde."
Schüler: „Die Schlange vor der Toilette
war so lange."

DER BUS IST EINFACH FRÜHER
GEFAHREN, SODASS ICH GAR KEINE
CHANCE HATTE, IHN ZU ERREICHEN.

Verzeihung, aber ich musste
heute mit der Straßenbahn
fahren und die hatte dann
auch noch einen Platten.

MEIN BRUDER HAT MIR EINE ABKÜRZUNG ERKLÄRT,
DIE MICH SCHNELLER ZUR SCHULE HÄTTE FÜHREN SOLLEN.
ICH HAB MICH JEDOCH VERLAUFEN UND HABE EWIG
GEBRAUCHT, UM WIEDER DEN RICHTIGEN WEG ZU FINDEN.

Mein Wecker hat zu leise geklingelt oder
ich habe zu tief geschlafen, auf jeden Fall
bin ich dann zu spät wach geworden.

Ich muss jetzt meinen kleinen Bruder
mit zur Schule nehmen. Der macht viel
kleinere Schritte als ich, deshalb bin
ich etwas spät dran heute.

Der Busfahrer hat einen Anruf erhalten
und erfahren, dass bei seiner schwan-
geren Frau die Wehen eingesetzt haben.
Da ist er kurzerhand ins Krankenhaus
gefahren und hat uns einfach im Bus
sitzen lassen.

14

Ich hab mich beim Stundenwechsel im
Klassenzimmer geirrt und der Lehrer dort
hat mich in ein Gespräch verwickelt.

Irgendein Witzbold hat einen Gullydeckel
rausgehoben und ich bin mit meinem Fuß
drin hängen geblieben. Was soll ich sagen,
bis die Feuerwehr da war und mich befreit
hatte, war der halbe Tag vorbei.

Mir ist die Kette vom Rad gesprungen
und ich hab ewig gebraucht,
um es zu reparieren.

Ich bin nicht zu spät,
die Schulglocke geht
eindeutig vor.

DURCH MEHRMALIGES VERSPÄTETES ERSCHEINEN
ZUM UNTERRICHT HAT DER LEHRER BESCHLOSSEN,
DIE KLASSENZIMMERTÜR VON INNEN ABZUSPERREN.
DURCH EINEN DUMPFEN AUFPRALL WIRD KLAR,
DASS DER VERSPÄTETE SCHÜLER NICHT DAMIT GERECHNET
HAT UND IM KLASSENZIMMER IST GEDÄMPFT ZU HÖREN:

*„Na toll, jetzt komm ich zu spät zum Unterricht,
weil ich mir die Nase gebrochen habe und ins
Krankenhaus muss, das glaubt mir ja keiner!"*

Durch einen Stromausfall hat mein Wecker nicht geklingelt.

**Mit zwei Schwestern
hat man keine Chance
rechtzeitig zum Unter-
richt zu erscheinen,
wenn diese vor einem
ins Bad gehen.**

Entschuldigung, aber unsere Nachbarn bauen gerade um und die Baustelle ist so laut, dass ich meinen Wecker heute Morgen nicht gehört habe.

In meinem Stadtviertel war Stromausfall, da ist die U-Bahn nicht gefahren.

SORRY, MIR WURDE GESAGT, DASS DIE STUNDE AUSFÄLLT.

Die Tankanzeige meines Rollers ist defekt und mir ist das Benzin ausgegangen. Schließlich musste ich den Rest des Weges zur Schule schieben.

ICH HABE MEINE MONATSKARTE ZU HAUSE VERGESSEN UND WURDE IN DER BAHN KONTROLLIERT UND MUSSTE AUSSTEIGEN. BIS DAS ALLES GEKLÄRT WAR, WAR DER ZUG SCHON WEG UND ICH MUSSTE AUF DEN NÄCHSTEN WARTEN.

Aquaplaning mit dem Fahrrad, da musste ich langsamer fahren.

Lehrer erzürnt:
„Weißt du eigentlich, wie spät es ist?"
Schüler trotzig:
„Wissen Sie wie schwer es ist morgens
zwölf Hundewelpen zu versorgen?
Wenn der letzte gegessen hat,
hat der erste schon wieder Hunger!"

Das Auto meines Vaters ist nicht angesprungen und ich musste helfen es
zur nächsten Werkstatt zu schieben.

Ich musste auf dem Schulweg ein
tollwütiges Eichhörnchen abwehren,
das mich verfolgt hat. Ich saß am Ende
lange in einem Gebüsch und hab mich
versteckt, bis es von meiner Spur
abgelassen hat.

Die Batterien in meinem Wecker sind leer gewesen, deshalb hat er heute Morgen nicht geklingelt.

MEIN HAMSTER HAT DIABETES UND ICH MUSS IHM REGEL-MÄSSIG INSULIN GEBEN. HEUTE MORGEN HAT ER SICH ABER VERSTECKT UND ICH HABE EWIG GEBRAUCHT IHN ZU FINDEN.

Ich habe noch einem Obdachlosen ein Frühstück ausgegeben.

Auf dem Schulweg habe ich eine alte Frau gesehen, die sich sehr schwer beim Schneeräumen getan hat. Da habe ich beschlossen, mit anzugreifen und ihr zu helfen.

Ich dachte, wir haben heute erst zur dritten Stunde Unterricht.

EIN SCHÜLER RUMPELT INS KLASSENZIMMER UND KEUCHT GESTRESST ALS ENTSCHULDIGUNG: „VERZEIHUNG, ICH BIN ZU SPÄT!"

Ein Schüler erscheint an einem sehr kalten Wintertag viel zu spät zum Unterricht. Der Lehrer fragt, wo er denn so lange gewesen sei. Da antwortet der Schüler sehr unverständlich lispelnd: „Isch bin mit meiner Tschunge an einem Laternenpfoschten kleben geblieben."

Der Bus ist im Stau stecken geblieben und es war noch zu weit, um zur Schule zu laufen.

ICH HATTE NOCH EIN VORSTELLUNGSGESPRÄCH FÜR EINEN FERIENJOB. DAS HAT ETWAS LÄNGER GEDAUERT, ALS ICH DACHTE.

Der Schulbus war zu wenig betankt und ist liegen geblieben. Es hat ewig gedauert, bis ein Ersatz gekommen ist.

Der Fahrstuhl hat nicht funktioniert und ich wusste einfach nicht, wie ich nun nach oben kommen soll.

GERADE ALS ICH ZUR SCHULE REINGELAUFEN BIN, IST MIR AUFGEFALLEN, DASS ICH MEINE SCHULTASCHE VERGESSEN HATTE. ICH BIN DANN WIEDER NACH HAUSE GELAUFEN UND HABE SIE GEHOLT. GERADE ALS ICH ZUR SCHULE REINGELAUFEN BIN, IST MIR AUFGEFALLEN, DASS ICH MEINE SCHULTASCHE VERGESSEN HATTE. ICH BIN DANN WIEDER NACH HAUSE GELAUFEN UND HABE SIE GEHOLT.

Mein Zahnarzttermin hat länger gedauert als geplant.

MEINE HÜNDIN HAT ACHT WELPEN ZUR WELT GEBRACHT,
DAS BRAUCHT SEINE ZEIT.

Ich habe beobachtet, wie jemand aus einem
Fenster im Erdgeschoss rausgeklettert ist
und habe die Polizei gerufen. Die sagten,
ich muss bleiben, wo ich bin, damit ich
eine Aussage machen kann und kamen
dann ewig nicht.

Mein Fahrrad hatte
einen Platten. Bis der
geflickt war, hatte
ich die erste Stunde
verpasst.

ICH WAR IM FALSCHEN KLASSENZIMMER.
WEIL ICH DURCH MEINE POLLENALLERGIE GANZ
VERQUOLLENE AUGEN HABE, IST MIR NICHT
GLEICH AUFGEFALLEN, DASS DAS GAR NICHT
MEINE KLASSENKAMERADEN SIND.

Der Taxifahrer hat die Adresse der Schule falsch verstanden und ich bin in der falschen Schule gelandet. Sie werden es nicht glauben, aber bis ich das gemerkt habe, war der halbe Tag vorbei. Und ich dachte mir noch, das hatten wir doch schon alles im Unterricht.

Mein Terrarium hat heute Nacht einen Sprung bekommen. Heute Morgen war ich dann ganz schön lange damit beschäftigt meine Vogelspinne und meine Schlangen einzufangen.

Das kleine Bächlein unterhalb des Hauses meiner Eltern ist über das Ufer getreten und wir haben den ganzen Morgen Wasser aus dem Keller gepumpt.

Ein Schüler erscheint über und über eingewickelt mit Mullbinden zum Unterricht. Der Lehrer läuft erschrocken auf ihn zu und fragt: „Um Himmels Willen, was ist dir denn geschehen?"
Der Schüler antwortet dumpf durch seine Mullbinden:
„Mein Vogel ist heute Morgen aus seinem Käfig entwischt und aus dem zweiten Stock zum Fenster raus. Da bin ich ganz panisch hinterher um ihn einzufangen."

Ein Schüler stürzt ganz außer Atem zu spät in den Unterricht. Der Lehrer fragt ihn, wo er denn gewesen sei. Daraufhin der Schüler: „Zu Hause haben wir ein elektrisches Garagentor und heute Nacht fiel der Strom aus. Da brachte ich mein Fahrrad nicht aus der Garage und meine Eltern natürlich nicht ihre Autos. So musste ich zur Schule joggen, um einigermaßen rechtzeitig da zu sein."

MEINEM MOFA WURDE HEUTE NACHT DER BENZINHAHN ZUGEDREHT. DARAUFHIN HABE ICH ES SEHR LANGE NICHT ANBEKOMMEN, WEIL ICH NICHT GLEICH DRAUFGEKOMMEN BIN, DASS ES DARAN LIEGEN KÖNNTE.

Der Aufzug in unserem Wohnhaus blieb stecken und ich war darin.

Auf der Jagd nach einer Mücke bin ich heute Nacht auf mein Nachtkästchen gestiegen, um die Mücke an der Decke zu erwischen. Dabei bin ich über meinen Wecker gestolpert, der bei der Aktion kaputt ging. Mir ist das leider nicht aufgefallen und so bin ich morgens zu spät aufgewacht.

Lehrer: „Weshalb kommst du eigentlich immer zu spät?"

Schüler: „Warum sind Sie eigentlich immer pünktlich?"

Ich musste einen großen Umweg machen, weil plötzlich auf meinem Schulweg die ganze Straße aufgerissen war und ich weit außen herumlaufen musste.

MEIN FAHRRADLENKER IST PLÖTZLICH NACH UNTEN WEGGEKLAPPT UND ICH BIN BÖSE GESTÜRZT.

Auf dem Schulweg habe ich mir den Knöchel verknackst und musste den ganzen Weg humpeln. Dadurch habe ich viel Zeit verloren.

ICH BIN IN DER U-BAHN IN EINE PERSONEN-
KONTROLLE GEKOMMEN. SCHEINBAR SEHE ICH
SEHR GEFÄHRLICH AUS.

Ich bin in der Bahn eingeschlafen
und wurde erst an der Endhalte-
stelle vom Schaffner geweckt.

EIN SCHÜLER BETRITT KLEINLAUT DAS KLASSEN-
ZIMMER WÄHREND DER ZWEITEN STUNDE.
DER LEHRER ETWAS UNGEDULDIG:
„WESHALB KOMMST DU DENN JETZT ERST
ZUM UNTERRICHT?"

DARAUFHIN DER SCHÜLER:
„LUSTIGE GESCHICHTE, ICH STAND UNTER DER
DUSCHE UND DIE DUSCHTÜR HAT GEKLEMMT.
BIS MEINE ELTERN MICH HÖRTEN, HATTE DIE
ERSTE STUNDE SCHON BEGONNEN UND ICH WAR
FAST AUSGEFROREN."

Ich musste heute Morgen warten
bis meine Schildkröte an ihrem
Frühstücksnapf war, damit der Kater
nicht wieder alles isst.

Ich hatte noch einen Gutachtertermin,
der meinen Geisteszustand beurteilen soll.
Der sagte, chronisches Zuspätkommen
läge in meiner Natur.

Beim Umräumen haben meine Eltern gestern
die Haustür mit einem Schrank verbaut,
sodass ich heute Morgen ewig nicht
rausgekommen bin.

Mir wurde heute Nacht das Vorderrad meines
Fahrrades geklaut. Leider habe ich das erst recht
spät gemerkt und den Bus nicht mehr bekommen.
Letztendlich habe ich mich dazu entschlossen zu
laufen, weil meine Eltern schon in der Arbeit waren.

Verzeihung, die Straßenbahn war
pünktlich, aber der Zug war schon weg.

Meine Fahrradkette ist gerissen, da musste ich den Rest des Weges schieben.

Unser Schulbusfahrer hat etwas gegen mich. Der hat mir heute doch glatt die Tür vor der Nase geschlossen, obwohl ich diesmal nur fünf Minuten zu spät war.

Mein Aquarium ist kaputt gegangen und ich musste mich heute Morgen erst einmal um meine Fische kümmern.

Meine Oma ist zurzeit zu Besuch und lässt mich immer nicht aus dem Haus, damit mir nichts passiert. Ich konnte mich dann doch mal davonschleichen, bin deshalb aber zu spät.

Auf dem Schulweg hat sich mein Absatz
in einem Gullydeckel verhakt und ich konnte
lange nicht weitergehen.

Ich muss eine Bahnstrecke queren und
die Schranken sind sehr lange nicht
aufgegangen. Die scheinen defekt
zu sein und ich habe mich eine Stunde
lang nicht getraut über die Schienen
zu gehen.

MEINE RATTE HAT SICH HEUTE NACHT AUS IHREM
KÄFIG BEFREIT UND MEINE MUTTER HAT MICH SOLANGE
NICHT GEHEN LASSEN, BIS ICH SIE GEFUNDEN HATTE.

Meine Füße sind heute Nacht
geschrumpft, deshalb habe ich
für den Schulweg heute länger
gebraucht.

MEIN AKKU VOM SMARTPHONE WAR LEER,
DESHALB HAT MEIN WECKER NICHT GEKLINGELT.
DARAUFHIN HABE ICH NATÜRLICH VERSCHLAFEN
UND BIN JETZT ZU SPÄT.

Mein Hamster hatte heute Nacht einen epilep-
tischen Anfall und wir mussten in die Tierklinik.
Das hat alles so lange gedauert, dass ich heute
glatt verschlafen habe.

Die Fußgängerampel war defekt
und der Autostrom war so lange,
dass ich eine Stunde die Straße
nicht überqueren konnte.

Mein Vater hat vergessen die Strom-
rechnung zu bezahlen, deshalb hat
heute Morgen der Wecker nicht
geklingelt und die ganze Familie
hat verschlafen. Was glauben Sie,
was da heute los war.

MEIN ONKEL IST GERADE ZU BESUCH
UND HAT MEINE SCHULTASCHE VERSTECKT.
BIS ICH DIE GEFUNDEN HATTE, WAR DIE ERSTE
STUNDE SCHON GELAUFEN.

Unsere Nachbarn haben heute Nacht
so einen Krach gemacht, dass an
Schlaf nicht zu denken war. Morgens
bin ich dann doch eingenickt und
habe natürlich verschlafen.

**Ich durfte das Haus nicht verlassen,
bis ich mein Zimmer aufgeräumt hatte.
Sie hätten sicherlich auch zwei Tage
zum Aufräumen gebraucht, wenn Sie
das Chaos mal gesehen hätten.**

ICH HABE MIR GESTERN AUF HEISSEM
TEER DIE FUSSSOHLEN VERBRANNT
UND BRAUCHTE DESHALB HEUTE
DEUTLICH LÄNGER ZUR SCHULE.

Das Auto meiner Eltern wurde gestohlen und wir haben lange gebraucht, bis wir jemanden gefunden hatten, der mich noch zur Schule fährt.

MEIN HUND MUSSTE UNERWARTETER WEISE HEUTE MORGEN NOCH EINMAL GASSI, DESHALB BIN ICH ZU SPÄT.

Mein Bruder wird heute eingeschult und ich musste ihm noch den Weg zum Klassenzimmer zeigen.

Ich war gestern im Freizeitpark und bin Achterbahn gefahren. Seitdem kann ich nur noch im Kreis laufen. Das dauert ganz schön, bis man da vorwärtskommt.

Mich hat ein weinender Erstklässler
aufgehalten, der sein Klassenzimmer
nicht mehr gefunden hat.

Mein Klassenkamerad hat
behauptet, wir hätten in einem
anderen Raum Unterricht.
Da wurde ich wohl geärgert.

Eine Windhose hat heute Nacht unser Hausdach
abgedeckt, da hab ich es heute nicht rechtzeitig in
die Schule geschafft, weil meine Schulunterlagen
durch die Gegend flogen und ich diese erst zusammensuchen musste.

Ich habe meine Schultasche im Bus liegen
gelassen und bin ihm dann hinterhergelaufen
bis zur nächsten Haltestelle. Deshalb bin ich
etwas spät dran heute.

Auf dem Schulweg ist mir meine
Trinkflasche im Rucksack ausgelaufen. Bis ich alles sauber hatte und
neu sortiert, waren die ersten zwei
Stunden schon vorbei.

Mir hat man gestern gesagt, dass die ersten zwei Stunden ausfallen!

Ich wurde von Straßenkünstlern aufgehalten, die mich spontan in ihre Show eingebunden haben. Da konnte ich nicht Nein sagen.

Heute ist es so heiß, dass mein Turnschuh auf dem Teer kleben geblieben ist. Bis ich befreit war, hat es ganz schön lange gedauert.

Ein Schüler an einem sehr kalten Wintertag: „Ich musste mich um einen Zweitklässler kümmern, der mit seiner Zunge an einem Laternenmast festklebte."

ICH HABE EINE WETTE VERLOREN UND MUSSTE HEUTE IN ZEITLUPE
IN DIE SCHULE LAUFEN. WETTSCHULDEN SIND EHRENSCHULDEN.
SIE KÖNNEN SICHER VERSTEHEN, DASS ICH DESHALB ZU SPÄT BIN.

Ich musste im Stundenwechsel meiner
Schwester ihr Pausenbrot bringen,
das sie heute Morgen liegen hat lassen.

Meine Uhr muss falsch gehen. Nach dieser
bin ich nämlich mehr als pünktlich.

Auf dem Weg zur Schule habe
ich ein Igelbaby gefunden und
musste das noch schnell zum
Tierarzt bringen.

Ich wurde vom Direktor aufgehalten. Der wollte wissen, wo er sein Büro findet.

ICH MUSSTE NOCH SCHNELL EINE KLEINIGKEIT ZWISCHEN DEN STUNDEN ERLEDIGEN. ES HAT ETWAS LÄNGER GEDAUERT, ALS ICH VERMUTET HATTE, DESHALB DIE VERSPÄTUNG, VERZEIHUNG. DETAILLIERTER MÖCHTE ICH DARAUF NICHT EINGEHEN.

Eine Fee hat mich aufgehalten und mir sind auf Anhieb nur zwei Wünsche eingefallen, deshalb hat es etwas länger gedauert, bis ich im Unterricht erschien. Man muss nämlich alle drei Wünsche nehmen, das wusste ich auch nicht.

Ich sah mich heute Morgen plötzlich einem Wildschein gegenüber und bin dann ganz schnell auf den nächsten Baum geklettert. Das Wildschwein stand unentwegt unter diesem Baum und hat gewartet, bis ich nach unten klettere. Irgendwann ist es dann doch davongelaufen.

Mein Schnappschloss hat sich heute während der Fahrradfahrt plötzlich in die Speichen gedreht. Da bin ich erstens richtig gemein gestürzt und zweitens musste ich den Rest laufen und mein Fahrrad halb tragend, halb schiebend zur Schule transportieren.

Ich musste noch schnell meiner Mutter erklären, wie sie ins Rektorat kommt. Das hat noch etwas gedauert.

Es ist unverzeihlich, ich weiß, aber mir wurde heute Morgen der Taschenrechner aus der Tasche gestohlen und ich habe nun für den Mathematikunterricht noch schnell einen von einem Freund aus einer anderen Klasse geliehen, deshalb komme ich etwas zu spät zum Unterricht.

Was soll ich sagen!?! Erster Schultag, neue Schule, neuer Schulweg, verlaufen!

MEINE LIEBLINGSSERIE IM TV LÄUFT JETZT LEIDER NUR NOCH MORGENS. DAS BEISST SICH ETWAS MIT DEM STUNDENPLAN, ABER DA MUSS DIE SCHULE SCHON EINMAL HINTEN ANSTEHEN.

Bei uns in der Familie ist Zuspätkommen genetisch festgelegt.

Ich dachte mir, ich bleibe heute einfach 20 Minuten länger und komme dafür 20 Minuten später zur Schule.

Mein Fuß hat sich auf dem Schulweg in einem Efeu verfangen, deshalb bin ich zu spät dran.

EINE ÄLTERE DAME HAT MICH NACH DEM WEG GEFRAGT UND HAT NICHT VERSTANDEN, WIE SIE AN IHR ZIEL KOMMT. DANN HABE ICH SIE DIREKT HINGEBRACHT.

ICH KONNTE MICH NICHT ENTSCHEIDEN, WELCHES KLEID ICH HEUTE ANZIEHEN SOLL, SO HABE ICH LANGE VOR DEM SPIEGEL GESTANDEN UND DANN DIE ERSTE STUNDE VERPASST.

Meine Mutter ist zurzeit nicht da, da kümmert sich mein Vater um alles. Morgens braucht er ziemlich lange, um uns Frühstück und Pausenbrote zu machen. Es kann also gut sein, dass ich die nächsten zwei Wochen mehrmals zu spät erscheine.

Ich habe heute Morgen so viel Kakao getrunken, dass ich auf dem Schulweg mehrere Stopps einlegen musste.

Meine Gangschaltung am Fahrrad hat sich verhakt, so habe ich mein Fahrrad den Rest des Weges zur Schule mehr gezogen als geschoben, geschweige denn gefahren. Darum habe ich mich ziemlich verspätet.

Auf dem Schulweg wollte mir jemand ein Abo für eine Fernsehzeitung verkaufen und hat mich sehr lange vollgequatscht. Ich wollte auch nicht unhöflich sein und habe deshalb geduldig zugehört.

DER RIEMEN MEINES SCHULRANZENS IST IM STUNDEN-WECHSEL GERISSEN UND DER GANZE INHALT IST ÜBER DEN SCHULFLUR GESCHLITTERT. ICH HABE DANN DOCH EINIGE ZEIT GEBRAUCHT, UM ALLES WIEDER EINZUSAMMELN.

Mir ist auf dem Weg zur Schule aufgefallen, dass ich keine Schuhe anhabe. Da musste ich noch einmal nach Hause laufen, um mir welche anzuziehen.

Ein Schüler erscheint spät im Physikunterricht in der ersten Stunde, ist verstrubbelt und trägt keine Socken. Der Lehrer erkennt auf den ersten Blick, dass er verschlafen hat, wagt aber trotzdem die Frage zu stellen, weshalb er zu spät sei. Der Schüler antwortet: „Ich habe heute Morgen so lange für meinen Albert-Einstein-Look gebraucht, den ich mir extra für den Physikunterricht zugelegt habe."

Mein Schulweg führt mich entgegen der Erddrehung in den Physikunterricht, deshalb bin ich heute etwas zu spät.

Ich bin immer pünktlich, deshalb bin ich heute mal später zur Schule gekommen.

ZWISCHEN DEN STUNDEN MUSSTE ICH MEINE OMA ANRUFEN, WEIL SIE HEUTE GEBURTSTAG HAT. DAS HAT LÄNGER GEDAUERT, ALS ICH GEGLAUBT HABE.

Wir sind am Wochenende umgezogen und ich hab mich auf dem neuen Schulweg verlaufen.

Ich habe ein humpelndes Mäuschen gerettet und zum Tierarzt gebracht.

Ein Erstklässler ist auf meinem Schulweg umhergeirrt. Ich hab ihn dann mit zur Schule genommen. Wir haben allerdings dann erst festgestellt, dass er in eine ganz andere Schule geht.

Ich musste mir auf dem Schulweg noch ein Pausenbrot kaufen und die Schlange am Kiosk war sehr lange.

Ich habe das Schloss der Toilettentür im Stundenwechsel nicht mehr aufbekommen und bin deshalb etwas spät dran.

EIN WITZBOLD HAT MIR GESAGT, ES HÄTTE EINEN RAUMWECHSEL GEGEBEN, DESHALB WAR ICH ERST IM FALSCHEN KLASSENZIMMER.

Meine Mutter ist heute so langsam zur Schule gefahren, dass ich jetzt zu spät dran bin.

DEM BUS IST HEUTE AUF DEM SCHULWEG DAS BENZIN AUSGEGANGEN UND ES HAT SEHR LANGE GEDAUERT, BIS EIN ERSATZ-BUS ZUGEGEN WAR.

Ich muss zurzeit sehr langsam laufen, da ich Schmerzen im Knie habe. Daher dauert es länger, von einem Klassenzimmer ins andere zu gelangen.

Dem Straßenbahnfahrer ging es nicht gut, da hat er kurzerhand angehalten und ist zum Arzt gegangen.

MIR IST HEUTE NACHT MEIN ROLLER GEKLAUT WORDEN, ALSO MUSSTE ICH LAUFEN UND WAR DAFÜR NATÜRLICH ZU SPÄT DRAN, WEIL ICH ERST MERKTE, DASS DER ROLLER WEG WAR, ALS ICH DAS HAUS VERLASSEN HATTE.

Ich bin im Flur ausgerutscht und musste dann meine Schulunterlagen lange zusammensuchen, weil sie durch den ganzen Flur geflogen sind.

MIR IST EIN HUND INS FAHRRAD GELAUFEN. BIS ICH MIT DEM BESITZER ALLES GEKLÄRT HATTE, WAR DIE ERSTE SCHULSTUNDE SCHON VORBEI.

Ich musste heute Morgen noch schnell
Tinte kaufen, sonst hätte ich im Unterricht nicht mitschreiben können.

Ich musste mich heute Morgen noch
darum kümmern, dass meine Oma
ein gutes Frühstück bekommt, weil
meine Mutter zur Arbeit musste.
Leider hat das etwas länger gedauert
und ich bin zu spät losgelaufen.

MEINE GESCHWISTER HABEN MIR MEINE
SCHNÜRSENKEL ZUSAMMENGEBUNDEN UND ICH
HABE HEUTE MORGEN SEHR LANG GEBRAUCHT,
BIS ICH SIE WIEDER AUSEINANDERGEBRACHT HABE.

Die Toilette war verstopft und ich
musste den Hausmeister suchen,
deshalb hat die Zeit zwischen den
Schulstunden nicht gereicht.

ICH DACHTE, WIR HABEN JETZT EINE FREISTUNDE,
DESHALB WAR ICH IN DER BIBLIOTHEK.

Mir ist heute Morgen ein verwirrter
Mann im Pyjama über den Weg gelaufen.
Ich habe dann die Polizei gerufen.
Bis die da war, hat es etwas gedauert.

Ich habe gestern Abend Baby
gesittet. Die Eltern des Kindes
kamen erst sehr spät nach Hause,
weil sie einen Autounfall hatten.
Ich bin darum sehr spät ins Bett
gekommen und habe deshalb
heute Morgen verschlafen.

Ich habe meine Brille im Sportunterricht verlegt und habe lange gebraucht,
bis ich sie wieder gefunden habe,
deshalb bin ich zu spät dran.

Ich dachte, die erste Stunde fällt aus,
deshalb bin ich zu spät.

MEIN SCHUH IST AUF DER STRASSE FESTGEFROREN
UND ICH HABE EINE STUNDE GEBRAUCHT,
BIS ICH MICH LOSEISEN KONNTE.

ICH BIN VERSEHENTLICH ZUR FALSCHEN
SCHULE GELAUFEN, BIS ICH HIER WAR,
HATTE DER UNTERRICHT SCHON
BEGONNEN.

Ein kleines grünes Männchen hat mich
heute Nacht aufgesucht und wollte
alles über unsere Erde erfahren.
Das hat mich so lange wachgehalten,
dass ich heute Morgen verschlafen habe.

*Ich stelle hiermit einen
Antrag auf Gleitzeit,
dann müssen Sie mich
nicht jeden Tag ermahnen,
Herr Lehrer.*

Ich habe heute Morgen noch Kartoffeln gekocht und die wurden lange nicht gar, da musste ich eben warten.

ICH WURDE IN DER UMKLEIDE DER TURNHALLE EINGESPERRT. BIS MICH JEMAND HÖRTE, HATTE DIE NEUE SCHULSTUNDE SCHON ANGEFANGEN.

Die Bremsen an meinem Fahrrad haben plötzlich blockiert. Den Rest des Schulweges musste ich dann laufen, deshalb hat es etwas länger gedauert.

Mein Vater hat mich heute mit dem Auto zur Schule gefahren, hat im Auto rumgeblödelt und ist dann dem Vordermann aufgefahren. Bis alles ausdiskutiert war, war die erste Schulstunde schon vorbei.

Mir hat jemand die Luft aus den Reifen gelassen, da musste ich erst ewig meine Fahrradreifen aufpumpen, damit ich zur Schule fahren konnte.

Im Stundenwechsel musste ich meiner kleinen Schwester schnell unseren Hausschlüssel bringen, weil sie früher mit der Schule fertig ist und ihren Schlüssel vergessen hat.

Ich musste einem Lehrer helfen, Schulbücher zu tragen. Das hat etwas gedauert, weil das Klassenzimmer am anderen Ende des Schulgebäudes liegt.

Ich habe versehentlich meine Schuhe verkehrt herum angezogen und hab es nicht gemerkt. Das bremst ganz schön beim Laufen!

Ich habe einer Frau geholfen, deren Kinder-
wagen sich in einem Kanaldeckel verhakt
hatte. Wir brauchten recht lange, bis wir
das Rad befreit hatten.

Ein Lehrer hat mich gebeten kurz auf
einen Schüler aufzupassen, dem übel war,
damit er eine Liege besorgen kann.

Ich musste den Hausmeister
suchen, weil aus einem
Heizungsrohr Wasser tropfte.

Ich hab gewettet, dass ich einen
ganzen Tag rückwärts laufen kann.
Für den Schulweg braucht man da
offensichtlich doppelt so lange.
Das hatte ich nicht berücksichtigt.

MEIN FAHRRAD WAR HEUTE MÜDE UND IST DESHALB
NUR SEHR LANGSAM ZUR SCHULE GEFAHREN.

Hausaufgaben?
Stimmt, da war ja was!

WIR ZIEHEN GERADE EIN VERWAISTES
REHKITZ AUF, DAS MEINE HAUSAUFGABEN
ZERKNABBERT HAT.

Ich brauche meine Hausaufgaben
nicht niederzuschreiben, ich habe
sie im Kopf.

Die Zeit im Schulbus
reichte nicht,
um die Hausaufgaben
abzuschreiben.

Heute Nacht wurde das Auto
meiner Eltern geklaut und
da lagen die Hausaufgaben
für heute drin.

Meine Eltern haben mir das Internet abgedreht, wie sollte ich denn ohne Internet die Aufgaben bewältigen?

Meine große Schwester hat meine Hausaufgaben gemacht, ich weiß nicht, weshalb sie da das Vorzeichen geändert hat.

MEINE HAUSAUFGABEN SIND SO UNLESERLICH, WEIL DER BUSFAHRER HEUTE SO SCHLECHT GEFAHREN IST.

Ich bin der Sohn meines Vaters und mein Vater erzählt immer, er hätte nie Hausaufgaben gemacht, das lässt doch nur einen Schluss zu ...

Kleinen Moment noch bitte,
ich kann die Aufgabe gerade
nicht vorlesen, weil ich sie
im Moment beantworte.

MIR IST GESTERN DIE TINTE
AUSGEGANGEN, DESHALB HABE ICH
NUR DIE HÄLFTE DER AUFGABEN
MACHEN KÖNNEN.

Meine Großmutter hatte gestern
ihren neunzigsten Geburtstag,
deshalb hatte ich keine Zeit meine
Aufgaben zu erledigen.

Sie haben uns so viel aufgegeben,
dass ich in der Zeit, die mir blieb, nur die
ersten drei Aufgaben geschafft habe,
dann musste ich schon ins Bett.

DER LEHRER FRAGT, GESPANNT AUF DESSEN AUSREDE, EINEN SCHÜLER NACH SEINEN HAUSAUFGABEN. DER SCHÜLER ANTWORTET: „ALS ICH MICH GESTERN HINGESETZT HABE UND MIT DEN AUFGABEN BEGONNEN HABE IST MIR EINE UNGLAUBLICH ORIGINELLE AUSREDE EINGEFALLEN. GLAUBEN SIE, MIR WÜRDE DIESE JETZT WIEDER EINFALLEN!?!"

Mein Hund ist weggelaufen und wir haben ihn den ganzen Tag gesucht, da blieb keine Zeit für Hausaufgaben.

Meine Eltern haben mir einen Zettel mitgegeben, dass ich keine Hausaufgaben machen muss. Nur blöd, dass ich den irgendwo liegen gelassen habe.

Ich habe meine Schwester geärgert. Die wurde so sauer, dass sie meine Hausaufgaben in die Waschmaschine geworfen hat und den Heißwaschgang eingestellt hat.

Mein Papa hat meine Hausaufgaben zum Anfeuern des Kamins verwendet.

MEINE GROSSMUTTER HAT MEINE HAUSAUFGABEN VERSEHENTLICH IN IHRE NEUE DECKE EINGENÄHT.

Ich musste mich gestern um meinen kleinen kranken Bruder kümmern und habe deshalb keine Zeit gefunden, meine Aufgaben zu erledigen.

Ich musste gestern helfen, das Fundament für unsere neue Garage zu gießen. Das hat alles so lange gedauert, dass ich keine Zeit mehr für die Hausaufgaben hatte.

Ich war sehr müde die letzten Tage, ich glaube, das liegt am Wetter, da war an Hausaufgaben nicht zu denken.

Meine Eltern wollten mir gestern bei der Aufgabe helfen und sitzen jetzt noch mit meinen Unterlagen am Tisch zu Hause und denken nach.

Sie werden es bestimmt nicht glauben, aber meine Hausaufgaben haben meine Geschwister versteckt und ich kann sie nicht mehr finden.

MEIN KIEFERORTHOPÄDE HAT MICH GESTERN SO GEQUÄLT, DASS ICH NICHT MEHR IMSTANDE WAR, MEINE AUFGABEN ZU ERLEDIGEN.

Ich bin gestern auf den Kopf gefallen und habe vergessen, was wir für Aufgaben machen sollten.

Mir ist die Tinte meines Füllers
ausgegangen und die Läden
waren schon zu.

Im Bus wurde mir mein Hausaufgabenheft geklaut und ich wusste nicht mehr, was wir zu tun hatten.

GESPRÄCH ZWISCHEN LEHRER UND SCHÜLER:
LEHRER: „WO SIND DENN DEINE HAUSAUFGABEN?"
SCHÜLER: „HERR LEHRER, WO SIND DENN UNSERE
KORRIGIERTEN SCHULAUFGABEN?"
LEHRER EMPÖRT: „WELCHE SCHULAUFGABEN?"
SCHÜLER ÜBERRASCHT: „WELCHE HAUSAUFGABEN?"

Ich kann mein Heft nicht mehr finden,
ich glaube, das hat versehentlich ein
Mitschüler eingesteckt.

DIE SCHRIFT MEINER HAUSAUFGABEN IST SO VERBLICHEN, DASS MAN SIE HEUTE NICHT MEHR LESEN KANN.

Ein Schüler auf Nachfrage nach seinen Hausaufgaben: „Mein Kater hat auf meine Hausaufgaben gepinkelt. Wenn Sie möchten, kann ich sie aber gerne morgen mitbringen."

Ich habe die Aufgaben nicht verstanden, könnten Sie da noch einmal näher darauf eingehen?

Lehrer: „Na, wo befinden sich denn deine Hausaufgaben." Schüler: „Meine Hausaufgaben sind an einem unbekannten Aufenthaltsort. Gestern wurde bei uns eingebrochen. Verschwunden sind unsere Elektrogeräte, Schmuck und so sensible Daten wie meine Hausaufgaben."

Die Sonne war so verlockend und meine Mama hat gesagt, man braucht viel frische Luft.

<u>Ich hatte eine Schreibblockade.</u>

Ich habe wie immer meine Sachen rumliegen
lassen und mein Vater hat alles in den Müll
geworfen, weil er Unordnung nicht leiden kann.
Leider waren da auch meine Hausaufgaben dabei.

*Ich hatte gestern solche
Kopfschmerzen, dass ich meine
Aufgaben nicht erledigen konnte.*

Das hatten Sie uns nicht aufgegeben!

DIE BÖSEN NACHBARSKINDER HABEN MEINEN
HAMSTER ENTFÜHRT UND ICH MUSSTE MEINE
HAUSAUFGABEN ALS LÖSEGELD ÜBERGEBEN.

Lehrer: „Wo sind denn deine
Hausaufgaben?"

Schüler: „Fragen Sie mich lieber,
welche Ausrede ich heute
vorbereitet habe."

Meine Hausaufgaben hat
ein Mitschüler, dem ich sie
zum Abschreiben gegeben
habe und er hat sie mir noch
nicht zurückgegeben.

Mir ist mein Getränk
in der Schultasche aus-
gelaufen und jetzt kann
man das Geschriebene
nicht mehr lesen.

Ich habe die Englischhausaufgabe versehentlich auf Deutsch gemacht, Verzeihung!

MEINE ELTERN HABEN GESTERN MEINE HAUSAUFGABEN ANGESEHEN UND HABEN MIR DAS HEFT NICHT WIEDER IN MEINE SCHULTASCHE GEPACKT.

Mein Augenarzt hat gestern gesagt, ich darf zwei Tage nur in die Ferne sehen, also Fernsehen und auf keinen Fall lesen, deshalb konnte ich meine Aufgaben nicht erledigen.

IM UNTERRICHT WIRD DIE WEHRPFLICHT DURCHGENOMMEN. IN DIESEM FALLE WIRD AUCH DIE WEHRDIENSTVERWEIGERUNG BESPROCHEN. ALS EIN SCHÜLER AM NÄCHSTEN TAG SEINE HAUSAUFGABEN NICHT DABEI HAT, BEGRÜNDET ER DIES MIT DER AUSSAGE: „ICH KONNTE DIE AUFGABEN NICHT MIT MEINEM GEWISSEN VEREINBAREN."

<u>Ich hatte keine Zeit mehr die Hausaufgaben abzuschreiben.</u>

Meine Mutter hat sich so gefreut, dass sie meine Aufgaben lösen konnte, dass sie diese gerahmt und an die Wand gehängt hat. Die riesen Bilder mitzunehmen hat mir der Busfahrer verboten.

Der Lehrer betritt das Klassenzimmer und bittet alle die Hausaufgaben herauszunehmen. Ein Schüler meldet sich genau in diesem Moment und erklärt mit niedergeschlagenen Augen, dass es ihm nicht gut ginge und er müsse an die frische Luft. Nach geraumer Zeit erscheint der Schüler wieder und berichtet putzmunter: „Schon zu Zeiten Christi waren Spontanheilungen an der Tagesordnung. Nun wissen wir, dass es diese tatsächlich gibt."

Ich habe meine Hausaufgaben zum Abschreiben verliehen, jetzt sind sie unauffindbar.

Ora et labora.
Gestern war ora dran.

Ich habe meine Hausaufgaben in meinem
Gedankenpalast verloren und konnte sie
bisher nicht wiederfinden.

WISSEN SIE, HERR LEHRER, MEINE ELTERN RENOVIEREN
GERADE. ALS ICH GESTERN MEINE HAUSAUFGABEN
ERLEDIGT HATTE, IST MEINEM VATER DER FARBEIMER
AUSGELAUFEN UND HAT MEIN HAUSAUFGABENHEFT
BLUTROT GETRÄNKT.

Ich habe die Hausaufgaben vertauscht. Ich habe
die Physikaufgaben bei Mathematik reingeschrieben
und das haben wir erst übermorgen und ich habe
die Aufgaben natürlich noch nicht gemacht.

Meine Schultasche ist mir auf dem Schulweg in eine riesen Pfütze gefallen und nun sind alle Hefte unleserlich.

Mein heuristisches Zentrum im Gehirn hatte leider einen Aussetzer, sodass die Lösung dieser Aufgabe nicht zu machen war.

MEIN KLASSENKAMERAD HAT DIE HAUSAUFGABEN NICHT MITGESCHRIEBEN. ICH HABE IHM DANN GROSSZÜGIGERWEISE MEIN HAUSAUFGABENHEFT GELIEHEN. LEIDER WURDE ER KRANK UND ICH KONNTE NICHT NACHVOLLZIEHEN, WELCHE AUFGABEN WIR MACHEN MUSSTEN.

Lehrer zum Schüler:
„Bitte komm nach vorne und leg mir deine Hausaufgaben vor." Schüler überrascht von der Kenntnis getroffen:
„Ach Sie meinten, wir sollten die Aufgaben schriftlich lösen!"

Wir müssen noch mit Modem ins Internet, da war
nicht genügend Zeit, alle Antworten herauszufinden.

Ich hatte eine Magenverstimmung und
darunter habe nicht nur ich gelitten,
sondern auch meine Englischhausaufgaben.

Ich habe die falschen
Aufgaben gelöst, sorry.

MEINE ZWEI RATTEN HATTEN
SCHNUPFEN UND ICH MUSSTE
MICH INTENSIV UM BEIDE
KÜMMERN, DA BLIEB KEINE ZEIT
FÜR HAUSAUFGABEN.

Gestern hatte ich die Möglichkeit bei
einem UNO-Turnier teilzunehmen.
Der Einsatz war die Schultasche.
Raten Sie mal, wer verloren hat.

Ich habe mir gestern Nachmittag im Sportunterricht das Handgelenk verletzt und konnte deshalb nicht schreiben. Die Folge daraus ist, dass ich meine Hausaufgaben heute nicht vorlegen kann.

MEINE MUTTER HAT MEINE HAUSAUFGABEN VERSEHENTLICH MIT ZU IHREM STEUERBERATER GENOMMEN UND MIR DAFÜR IHRE STEUER-UNTERLAGEN EINGEPACKT. ZÄHLT DAS AUCH ALS MATHEMATIKHAUSAUFGABE?

Schüler überrascht: „Was??? Wir haben heute Deutsch!?!"

Ich habe den Aufsatz an meinem Computer geschrieben, der aber aufgrund eines Stromausfalles abstürzte und alle Daten verloren gingen. Da hab ich mich vielleicht geärgert!

In meinem Buch fehlt die Seite, auf der die Aufgabe steht, die Sie uns aufgegeben haben.

Meine Hausaufgaben sind topsecret,
die dürfen nur mit Sicherheitsfreigabe
eingesehen werden.

Ich musste mithelfen die Ernte einzubringen,
da hatte ich leider keine Zeit mehr meine
Hausaufgaben zu erledigen.

Schüler zum Lehrer: „Ich habe eine ethische Frage
an Sie. Kann man eigentlich jemanden für etwas
bestrafen, was er nicht getan hat?" Lehrer erfreut
über den geistreichen Einwurf am Stundenbeginn:
„Ganz grundsätzlich kann man die Frage mit einem
klaren Nein beantworten, aber wir werden das zu
einem geeigneten Zeitpunkt noch ausführlich
gemeinsam diskutieren." Darauf der Schüler:
„Wenn das so ist, muss ich Ihnen mitteilen, dass
ich meine Hausaufgaben nicht gemacht habe."

Ich habe meine Hausaufgaben schriftlich in meinem Heft manifestiert, das sich durch einen Riss im Raum-Zeit-Kontinuum ausgelöst durch ein Wetterleuchten heute Nacht in eine andere Dimension verflüchtigt hat. Mein ICH in der parallelen Dimension, braucht seine Hausaufgaben dafür nun nicht zu machen.

ICH HABE DIE UNTERLAGEN FÜR DIE FALSCHEN UNTERRICHTSFÄCHER EINGEPACKT, WEIL ICH IN MEINEM STUNDENPLAN UM EINE SPALTE VERRUTSCHT BIN.

Lehrer: „Bitte lies mir doch deine Antwort zu der ersten Frage der Hausaufgaben vor."

Schüler: „Aber Sie sagten doch, wir sollen uns nur Gedanken über die Fragen machen."

MEINE SCHWESTER HAT IHRE SCHMINKUTENSILIEN ÜBER MEINEN HAUSAUFGABEN AUSPROBIERT UND NUN IST ALLES UNLESERLICH.

<u>Beim Einpacken meiner Hausaufgaben in meine Schultasche sind sie mir rausgefallen und zwischen Wand und Fußboden in einer Ritze verschwunden und nie wieder aufgetaucht.</u>

Ich musste mit einem meiner kleinen Geschwister ins Krankenhaus, weil er gestürzt ist und Angst vor Krankenhäusern hat. Als wir erst abends zurück- kamen, war ich zu erschöpft, um meine Aufgaben zu bearbeiten.

MEINE HAUSAUFGABEN SIND DURCH EINEN UNGÜNSTIGEN SOG IN DEN VENTILATOR GEKOMMEN UND ES WAR NICHTS MEHR ZU RETTEN.

Mein Heft war gestern voll und ich hab die Hausaufgaben in ein neues geschrieben. Jetzt habe ich aber versehentlich das neue zu Hause gelassen und nur das alte dabei.

MEINE MUTTER SAGTE, ICH SOLL MIT DEN HAUSAUFGABEN AUFHÖREN, DAS SEIEN ZU VIELE.

Auf dem Schulweg hat es in meinen Schulranzen geregnet und nun ist die ganze Tinte zerlaufen.

Auf dem Weg zur Schule hat mich ein Hund verfolgt. Ich konnte ihn nur abschütteln, weil ich ihm meine Schultasche zur Ablenkung hingeworfen habe. Es hat auch geklappt, er hat sich gleich drauf gestürzt. Nur leider waren da natürlich auch meine Hausaufgaben drin.

Der Lehrer fragt einen Schüler nach seinen Hausaufgaben. Der Schüler kann zum wiederholten Male seine Hausaufgaben nicht vorlegen. Der Lehrer fragt ihn, weshalb er die Hausaufgaben schon wieder nicht gemacht habe. Der Schüler antwortet ihm: „Es tut mir leid, aber neben der vergessenen Hausaufgabe, habe ich vergessen mir eine gute Ausrede einfallen zu lassen."

ICH HABE MEINE OMA IM PFLEGEHEIM BESUCHT UND DORT HAUSAUFGABEN GEMACHT. LEIDER HABE ICH DIESE DANN DORT LIEGEN LASSEN UND DAS IST SEHR WEIT ENTFERNT.

Ich habe einen Aufsatz über die Geschichte des Terrorismus am PC geschrieben. Heute Morgen ist dann mit großem Getöse die GSG9 in unser Haus eingedrungen und hat meine Aufgaben mitgenommen.

ICH HAB MEINE HAUSAUFGABEN EINEM KRANKEN MITSCHÜLER GEFAXT. WIE DAS MIT DEN TECHNISCHEN GERÄTEN SO IST, WURDE DAS PAPIER VOM FAX ZERRISSEN UND JETZT IST ALLES UNLESERLICH.

WIR HATTEN HAUSAUFGABEN!?! DA WAR ICH WOHL NICHT IM KLASSENZIMMER, ALS SIE DIE AUFGEGEBEN HABEN. MIR HÄTTE JA AUCH MAL JEMAND WAS SAGEN KÖNNEN.

EIN LEHRER MÖCHTE GERNE DIE HAUSAUFGABEN EINES
SCHÜLERS EINSEHEN. DARAUF ANTWORTET DER SCHÜLER:
„ICH WARTE NOCH MIT DER LÖSUNG DER HAUSAUFGABEN."
DER LEHRER ETWAS ERSTAUNT: „AUF WAS WARTEST DU DENN?"
SCHÜLER: „MEIN VATER WARTET MIT DEM KAUF SEINES
SPORTWAGENS BIS ZUR RENTE UND ICH WARTE MIT DEN
HAUSAUFGABEN BIS ZUM ABITUR."

Ich kann leider meinen Aufsatz nicht abgeben,
weil mich die Muse nicht geküsst hat.

Ich habe meine Hausaufgaben
leider im Drucker liegen lassen.

Meine Hausaufgaben liegen in einem Buch,
das ich in der Bücherei zurückgegeben habe.

Ich musste meiner Großmutter die Tage
beim Marmelade kochen helfen und das
war alles aufwendiger als ich dachte.
Leider hatte ich dann keine Zeit mehr
meine Hausaufgaben zu machen.

Ich hatte Ihnen meinen Aufsatz per Mail
geschickt, weil mein Drucker nicht funktionierte.
Ist die Mail nicht angekommen?

ICH HATTE MEINE SCHULTASCHE HEUTE MORGEN
KURZ HINTER DEM AUTO MEINES VATERS ABGE-
STELLT. LEIDER IST MEIN VATER BEIM AUSPARKEN
DRÜBERGEROLLT. JETZT IST ALLES FUTSCH,
WAS DRIN WAR, AUCH DIE HAUSAUFGABEN.

Zu Hause haben wir Schwierigkeiten
mit dem Strom, weil mein Vater vergessen hat,
die Rechnung zu überweisen. Sie sollten mal hören,
was da zu Hause los ist, da kann sich niemand
auf Hausaufgaben konzentrieren.

Als ich gestern nach Hause kam, war es schon dunkel und ich konnte die Aufgaben in unserem Buch nicht mehr lesen.

ICH KONNTE MICH GESTERN ZWISCHEN HAUSAUFGABEN UND HILFE IM HAUSHALT ENTSCHEIDEN. RATEN SIE MAL, WOFÜR ICH MICH ENTSCHIEDEN HABE.

Ich habe die Aufgabe leider nicht verstanden.

ÜBER DER AUFGABE, DIE SIE UNS AUFGEGEBEN HABEN, IST LEIDER EIN SO GROSSER FLECK IN MEINEM BUCH, DASS ICH SIE NICHT LESEN KONNTE.

Mir sind die Druckerpatronen ausgegangen und ich hab so schnell keine neuen bekommen. Jetzt hab ich den Aufsatz leider nicht ausdrucken können.

Gestern kamen meine Großeltern zu Besuch. Die haben sich so gefreut mich zu sehen, dass ich nicht zum Hausaufgabe machen gekommen bin.

Mein Vogel hat heute Morgen meine Hausaufgaben zerpickt.

Mein Bruder hatte Geburtstag und es waren so viele Leute da, dass an Hausaufgaben erledigen nicht zu denken war.

Ich hatte mir keine Hausaufgaben in mein Heft geschrieben und dachte deshalb wir haben keine auf.

Mein Onkel kam spontan zu Besuch und hat mich den ganzen Tag abgelenkt, sodass ich keine Hausaufgaben machen konnte.

OH, ICH HAB DIE FALSCHEN HAUSAUFGABEN MITGENOMMEN. WIR HABEN JA MATHE, ICH HABE ABER PHYSIK DABEI.

Ich bin gestern Nachmittag spontan erkrankt und konnte meine Hausaufgaben nicht erledigen. Seit heute Morgen geht es mir wieder gut.

Ich dachte, wir sollen die Hausaufgaben erst übernächstes Mal abgeben.

Ich habe die falschen Aufgaben gelöst.
Hab mich wohl in der Zeile geirrt.

Ich konnte mich nicht auf meine Hausaufgaben konzentrieren, weil mir der gesundheitliche Zustand meines Hundes so große Sorgen bereitet.

Ich wurde als Statist für einen Film ausgesucht und hatte deshalb keine Zeit meine Hausaufgaben zu erledigen.

Ich habe meine Hausaufgaben verlegt und finde sie nicht wieder.

Eine gute Fee hat mir heute Nacht ins Ohr geflüstert, dass ich heute keine Hausaufgaben vorlegen muss. Hab ich das nur geträumt?

MEINE GESCHWISTER HABEN MIR MEIN HAUSAUFGABENHEFT WEGGENOMMEN UND JETZT KANN ES NIEMAND MEHR FINDEN. LEIDER WUSSTE ICH NICHT AUSWENDIG, WELCHE AUFGABEN WIR LÖSEN MUSSTEN.

Ich musste mich den ganzen Tag um meine Oma kümmern, weil sie sich den Oberschenkelhals gebrochen hat. Am Abend ist mir dann eingefallen, dass ich Hausaufgaben hätte machen müssen. Da war ich dann aber schon zu müde.

Mein großer Bruder sagte zu mir, dass Hausaufgaben machen nur eine Option ist, und
dass man die gar nicht erledigen muss.

ICH KONNTE MEINE EIGENE
HANDSCHRIFT IN MEINEM
HAUSAUFGABENHEFT NICHT
MEHR LESEN.

Meine Mutter hatte gestern Geburtstag.
Vor lauter feiern, habe ich vergessen
Hausaufgaben zu machen.

WIR HATTEN HAUSAUFGABEN AUF!?!
DAVON WUSSTE ICH GAR NICHTS!

AUF DEM NACHHAUSEWEG GESTERN NACH DER SCHULE HAT MAN MIR DIE SCHULTASCHE GEKLAUT. DA WAR AUCH MEIN HAUSAUFGABENHEFT DRIN.

Die Hausaufgaben waren zu schwer, mein Bruder konnte die nicht lösen.

Ich dachte, heute ist Projekttag und wir brauchen die Hausaufgaben erst nächste Stunde.

Meine Hausaufgaben haben Füße bekommen und sind auf dem Weg nach nirgendwo.

Ich habe den Hausaufsatz schon geschrieben. Nur leider handschriftlich und das eine Exemplar wurde auf der Fahrt zur Schule zum Busfenster hinausgeweht.

Ich konnte die Mathematikaufgaben nicht lösen,
weil die Batterie in meinem Taschenrechner
nicht mehr funktionierte.

Ich habe heute Geburtstag und dachte,
dass die, die Geburtstag haben,
keine Hausaufgaben machen müssen.

Ich habe schon Hausaufgaben
gemacht, nur habe ich Physik
mit Mathe verwechselt.

MEINE HAUSAUFGABEN LIEGEN ZU HAUSE
AUF DEM FRÜHSTÜCKSTISCH, VERGESSEN,
ENTSCHULDIGUNG.

Mein Bruder hat anstelle seines Heftes meines eingesteckt.

Ich hatte gestern so viel zu lernen, dass für Hausaufgaben keine Zeit mehr war.

MEIN BRUDER HATTE DIE LETZTEN TAGE SELBST SO VIEL HAUSAUFGABEN, DASS ER NICHT MEHR DAZUGEKOMMEN IST, MEINE ZU ERLEDIGEN.

April: Mein Bruder hat heute Nacht, als ich schlief, all meine Hausaufgal mit dem Tintenkiller ausgelöscht un ganz groß „April, April" in meine He geschrieben.

Der Busfahrer ist heute schneller
gefahren als sonst. Das hat wiederum
dazu geführt, dass ich keine Zeit mehr
hatte, die Hausaufgaben komplett
abzuschreiben.

Ich musste schon die Hausaufgaben
von meiner Schwester lösen, da hatte
ich für meine keinen Kopf mehr.

Mein Hausaufgabenheft ist
in die Badewanne gefallen und
dann war für mich nicht mehr
ersichtlich, welche Aufgaben
wir lösen sollten.

Mir wurde erzählt, dass die Hausaufgaben
kein Muss sind, sondern freiwillig
zu erledigen wären. Da hat mich wohl
jemand angeschmiert. Na vielen Dank!

Bei meinen Großeltern hat es gestern gebrannt. Wir haben dann noch alles Brauchbare aus dem Haus getragen und untergestellt. Das hat so lange gedauert, dass ich keine Zeit mehr hatte, meine Aufgaben zu erledigen.

Ein Einbrecher hat heute Nacht meine Hausaufgaben geklaut. Er dachte wohl, das wären sensible Kundendaten, weil das Heft auf dem Bürotisch meines Vaters lag.

DIE LETZTE ZEIT WAR ES SO HEISS, DASS ALL MEINE STIFTE AUSGETROCKNET SIND UND ICH WIRKLICH ÜBERHAUPT KEINE MÖGLICHKEIT HATTE MEINE HAUSAUFGABEN IRGENDWIE SCHRIFTLICH FESTZUHALTEN.

Mein Vater hatte gestern ein Geschäftsessen bei uns zu Hause. Da musste ich die Gäste bedienen und hatte keine Zeit für meine Hausaufgaben.

Oh! Ich habe die falschen Aufgaben gemacht, Verzeihung!

Ich konnte die Aufgaben nicht erledigen, weil die Seiten, auf denen die Aufgaben eigentlich stehen, in meinem Buch fehlen.

Meine Mutter hat sich das Bein gebrochen und muss jetzt viel sitzen. Nun kümmere ich mich um den Haushalt und meine zwei jüngeren Geschwister. Für die Hausaufgaben bleibt da keine Zeit mehr.

Ich hatte keinen Platz mehr in meinem Heft und hatte kein neues zu Hause. Die Geschäfte waren auch schon zu, deshalb habe ich die Aufgaben nicht vollständig.

Mein Bruder hat gestern versehentlich mein Hausaufgabenheft in den Gartenhäcksler geworfen.

Mir ist auf dem Schulweg das Heft aus der Tasche gefallen, in dem ich die Hausaufgaben niedergeschrieben habe. Ich konnte es leider nicht wiederfinden.

Ich musste meinen kleinen Geschwistern bei den Hausaufgaben helfen, weil meine Eltern gerade so viel Arbeit haben. Da war ich dann so erschöpft, dass ich meine eigenen nicht mehr geschafft habe.

Da mir der Platz in meinem Heft ausgegangen ist und ich kein neues hatte, habe ich auf einzelnen Blättern weitergeschrieben. Die hat allerdings dann später der Wind aus dem offenen Fenster des sechsten Stockwerks getragen und ich konnte sie nicht wiederfinden.

Meinem besten Freund ging es gestern sehr schlecht. Ich habe mich den ganzen Tag um ihn gekümmert und bin dann nicht mehr dazu gekommen, die Hausaufgaben zu erledigen.

Ich habe meine Hausaufgaben auf dem PC gemacht. Heute Morgen wollte ich sie ausdrucken, da habe ich sie nicht mehr gefunden. Mein Vater hat die Dateien gestern leider gelöscht, weil er nicht wusste, was das ist.

Ich hatte mir ganz fest vorgenommen, meine Hausaufgaben zu machen, aber ich hab es zeitlich einfach nicht hinbekommen. Sie werden das doch sicher verstehen, dass es manchmal solche Tage gibt, an denen eins zum anderen kommt.

HATTEN SIE NICHT GESAGT, DASS WIR DIE HAUSAUFGABEN ERST ÜBERNÄCHSTE STUNDE BRAUCHEN!?! OH, DA HABE ICH DANN WOHL ETWAS FALSCH VERSTANDEN.

Wir sollten doch die Matheaufgaben ausschließlich mit Bleistift lösen. Nun ist mir mein Bleistift zu Hause abhandengekommen und ich konnte einfach keinen anderen finden, deshalb habe ich die Aufgaben leider nicht.

Meine Mutter hat gestern Unterlagen durch den Reißwolf gelassen und versehentlich meine Hausaufgaben dazu gesteckt.

Ich habe meine Hausaufgaben zwar gemacht, habe sie aber einem Mitschüler aus einer anderen Klasse geliehen, weil der etwas nicht verstanden hatte. Leider habe ich sie noch nicht zurückbekommen.

ICH HABE WIRKLICH VERSUCHT DIE AUFGABEN ZU LÖSEN. MEINE GESCHWISTER WAREN ABER SO NERVIG, DASS ICH MICH EINFACH NICHT KONZENTRIEREN KONNTE.

*Ich hatte eine starke Virusinfektion und
hohes Fieber. Dadurch habe ich vergessen,
dass wir Hausaufgaben aufhatten.*

Der Hausaufsatz, den wir schreiben sollten,
liegt zu Hause gedruckt im Drucker.

Das hören Sie bestimmt sehr oft, aber mein Hund hat die Hausaufgaben wirklich gefressen.

ICH WOLLTE MEINEN VATER BEZÜGLICH DER HAUSAUFGABEN
ETWAS FRAGEN. DER WAR NUR GERADE DABEI EINEN ÖL-
WECHSEL AN UNSEREM AUTO ZU MACHEN UND HAT IN DEM
MOMENT, ALS ICH MIT MEINEM HEFT UMS ECK KAM DIE
ÖLABLASSSCHRAUBE SO UNGLÜCKLICH GELÖST, DASS EIN
GANZER SCHWALL ÖL ÜBER MEIN HEFT GELAUFEN IST.
UM ALLE AUFGABEN NEU ZU MACHEN, WAR DANN LEIDER
KEINE ZEIT MEHR, WEIL ES SCHON ABEND WAR.

Mein Hausaufgabenheft hat
mir in der Pause jemand aus
der Schultasche geklaut und
ich hab es erst zu Hause
gemerkt.

Wir waren das ganze Wochenende bei meinen Großeltern. Meine Oma hat sich so gefreut, dass sie mich den ganzen Tag so fest in den Armen hatte, dass ich keine Hausaufgaben machen konnte.

Meine Hausaufgaben liegen leider zu Hause auf dem Küchentisch. Meine Mutter wollte noch einen Blick darauf werfen und dann habe ich das Heft dort vergessen.

Auf dem Heimweg von der Schule bin ich gegen einen Baum gelaufen und habe dadurch glatt vergessen, dass wir Hausaufgaben aufhatten.

Ich habe meine Hausaufgaben wirklich gemacht, ich habe nur vergessen, in welches Heft ich sie geschrieben habe.

Ich konnte die Geometrieaufgaben nicht bearbeiten, weil mein Lineal gebrochen ist.

Meine Mutter hat mit meinen Hausaufgaben Buchstabensuppe gemacht.

ICH DACHTE, WIR SOLLTEN DIE HAUSAUFGABEN MÜNDLICH MACHEN!?!

ICH KONNTE NICHT SCHREIBEN, WEIL MIR MEIN BRUDER MIT SEKUNDENKLEBER MEINE TEETASSE AN DIE FINGER GEKLEBT HAT.

DIE AUFGABEN, DIE WIR MACHEN SOLLTEN,
SIND IN MEINEM BUCH SO SCHLECHT
GEDRUCKT, DASS ICH DIE AUFGABEN-
STELLUNGEN NICHT LESEN KONNTE.

Ich habe mit Tinte meine Hausaufgabe
in mein Heft geschrieben. Am nächsten
Morgen war alles weg. Ich habe keine
Ahnung, was da passiert ist.

Die Haus-
aufgaben
waren mir zu
zeitaufwendig.

Ich musste zu Hause die letzten Tage
so viel bei der Gartenarbeit helfen,
dass ich nicht zu meinen Hausaufgaben
gekommen bin.

ICH HABE MICH DIE LETZTEN WOCHEN
SEHR FÜR DIE REGIONALE JUGENDGRUPPE
EINGESETZT UND DABEI VERGESSEN AUF
MEINE HAUSAUFGABEN ZU ACHTEN.

Ich bin mir nicht sicher, ob ich die Hausaufgaben
habe, weil ich beim Erledigen der Hausaufgabe
eingeschlafen bin und als ich aufwachte nicht
mehr wusste, was ich machen wollte.

ICH HABE MEINEM GROSSVATER BEI
DER KIRSCHENERNTE GEHOLFEN
UND WAR DANN ABENDS SO MÜDE,
DASS ICH DIE HAUSAUFGABEN
NICHT GESCHAFFT HABE.

Ich habe die Aufgaben bearbeitet,
bis ich an den unteren Rand meiner
Heftseite kam, dann wusste ich
nicht, wo ich weiterschreiben sollte.

Mein Schulbuch hat genau auf der Seite,
auf der die Aufgaben stehen, einen Fehl-
druck und man kann leider gar nichts lesen.
Das ist mir erst zu Hause aufgefallen.

In letzter Zeit habe ich mich sehr für den
regionalen Bund Naturschutz eingesetzt, um
ein Bauvorhaben in einem Naturschutzgebiet
zu verhindern. Da sind die Hausaufgaben
auf der Strecke geblieben.

Ich habe versehentlich mit dem Schulbuch
des letzten Jahres gearbeitet und die
Aufgaben gemacht, die drin standen.
Ich habe mich schon gewundert,
dass die so einfach sind.

ICH MUSSTE HELFEN UNSER AUTO IN DIE WERKSTATT
ZU SCHIEBEN, WEIL MEIN VATER VERGESSEN HATTE,
DIE BEITRÄGE FÜR DEN PANNENDIENST ZU BEZAHLEN.
WIR HABEN DAFÜR GESTERN DEN GANZEN TAG
GEBRAUCHT.

Mir ist im Traum ein Mainzelmännchen erschienen und
hat mir versprochen, meine Hausaufgaben zu erledige
Leider hat es sein Versprechen nicht gehalten.

Das ist jetzt wirklich keine
Ausrede, aber ich finde meine
Schultasche nicht mehr.

Mir ist heute Morgen auf dem Schulweg
die Schultasche runtergefallen und mein
Heft, in dem die Hausaufgaben standen, ist
geradewegs in eine Pfütze gefallen. Nun ist
die ganze Tinte verlaufen und es ist nichts
mehr zu lesen.

Mein Vater fand meinen Aufsatz so
spannend, dass er ihn versehentlich mit
in die Arbeit genommen hat.

ICH HABE GESTERN DEN GANZEN TAG MEINE GROSSMUTTER IM KRANKENHAUS BESUCHT UND BIN DANN ABENDS NICHT MEHR ZU DEN HAUSAUFGABEN GEKOMMEN.

ICH KONNTE MICH ÜBERHAUPT NICHT AUF DIE HAUSAUFGABEN KONZENTRIEREN, WEIL GEGENÜBER VON UNS EIN HAUS ABGERISSEN WIRD. DAS IST VIELLEICHT EIN LÄRM.

Mein Bruder hat meine Hausaufgaben zu Hause an die Decke gepinnt und ich bin zu klein, um sie dort runterzuholen.

Mir ist das Papier im Drucker ausgegangen, deshalb habe ich meinen Aufsatz nur digital zu Hause auf dem Rechner.

Oh, ich habe wohl die Seiten verwechselt und habe die falschen Aufgaben gelöst.

Mit einer Aussage hat meine Mutter wohl recht. Hausaufgaben machen sich nicht von alleine.

ICH HABE GESTERN EIN NEUES SPIEL FÜR MEINE PLAYSTATION BEKOMMEN UND WOLLTE ES NUR KURZ AUSPROBIEREN. RUCKZUCK WAR DER GANZE TAG VORBEI.

Ich habe so schlecht geschrieben, dass ich meine Hausaufgaben gar nicht mehr entziffern kann.

Mir ist mein Hausaufgabenheft in den Zementmischer meines Vaters gefallen. Ich konnte dann leider nicht mehr nachvollziehen, welche Aufgaben wir lösen sollten.

Ich musste gestern mein Zimmer aufräumen und kann jetzt das Heft nicht mehr finden, in das ich die Hausaufgaben geschrieben habe. Das hat man davon!

Ich habe versehentlich anstelle des Matheheftes das Physikheft mitgenommen und kann leider die Hausaufgaben nicht vorlegen.

Sport ist Mord!

Meine Oma hat mir heute Morgen ein so üppiges Frühstück gemacht, dass ich den Felgaufschwung jetzt nicht machen kann.

Ich habe meine Sportklamotten vergessen.

Ich habe Migräne.

Ich habe meine Hallenschuhe vergessen.

Ich bin eine heranwachsende Frau, ich kann heute keinen Sport machen.

DURCH EIN JUCKEN IM RECHTEN OHR IST MEIN GLEICHGEWICHTS-SINN GESTÖRT, DESHALB IST SPORT HEUTE UNMÖGLICH.

Mein Vater sagt immer: „Sport ist nicht so wichtig!" Deshalb habe ich beim Sportunterricht gefehlt.

Ich habe mir gestern beim Wii spielen den Oberarmmuskel gezerrt und kann deshalb heute nicht Bodenturnen.

Meine Eltern meinten, ich solle aufhören mit Sport machen, damit der Kühlschrank nicht immer so schnell leer gegessen wird.

Diarrhö die ganze Nacht! Mir fehlt jeglicher Mineralstoff, um mich heute zu bewegen.

IRGENDJEMAND SAGTE MAL: „SPORT IST MORD", UND DAZU KANN MICH JA WOHL NIEMAND ZWINGEN.

Ein Schüler hängt mit ausgestreckten Armen am Reck. Lehrer: „Du musst schon ziehen, wenn du nach oben möchtest." Schüler mit etwas gequetschter Stimme: „Wer sagt denn, dass ich das möchte!"

Ich habe eine Aquaphobie, ich kann am Schwimmunterricht nicht teilnehmen.

SIE SAGTEN MIR, ICH SOLLE MIR HINTER DIE OHREN SCHREIBEN, MEINE SPORTUTENSILIEN NICHT MEHR ZU VERGESSEN. ICH HABE DAS AUCH GETAN. NUR LEIDER KONNTE ICH ES ZU HAUSE NICHT MEHR LESEN UND EINGEFALLEN IST ES MIR AUCH NICHT MEHR, WAS ICH DA NOTIERT HATTE.

Ich kann heute wegen Schmerzen in meinen Hinterbeinen nicht mitturnen.

Ich kann gar nicht so weit werfen, weil ich so klein bin, dass der Ball von Natur aus viel näher am Boden ist, als bei meinen größeren Mitschülern.

Ein Felgaufschwung ist aufgrund der Gravitation und meiner Masse physikalisch vollkommen unmöglich.

Heute Bodenturnen!?! Tut mir leid, aber ich habe seit heute Morgen eine Innenohrstörung und habe deshalb Gleichgewichtsschwierigkeiten.

Sport stand nicht in meinem Stundenplan, deshalb habe ich keine geeignete Kleidung dabei.

DER SPORTLEHRER ERÖFFNET SEINEN SCHÜLERN AM SCHULJAHRESANFANG, DASS SIE JETZT AUCH SCHWIMMEN IM SPORTUNTERRICHT HABEN. DARAUFHIN MELDET SICH EIN SCHÜLER UND SAGT: „DA KANN ICH LEIDER NICHT TEILNEHMEN, WEIL ICH GAR NICHT SCHWIMMEN KANN."

AUF MEINER BAHN WAR BEIM SPRINT GEGENWIND, DESHALB WAR ICH LANGSAMER ALS ALLE ANDEREN.

Ein Schüler taucht erst am Ende des Sportunterrichts auf und sagt: „Ich wusste nicht, wo wir heute Sport haben. Erst war ich in der Turnhalle, dann im Schwimmbad, dann auf dem Fußballfeld ... und wo finde ich Sie, auf dem Hartplatz!"

Ich kann am Weitspringen nicht teilnehmen, weil dies gegen meine persönliche Überzeugung verstößt, denn Sand ist eine natürliche Ressource, die immer schneller und unbedachter verschwendet wird und unsere Welt nachhaltig beeinflusst.

Ein Schüler steht etwas verloren in der Turnhalle und blickt vor sich hin. Der Lehrer kommt auf ihn zu und fragt, was los sei. Schüler: „Die Ringe hängen zu hoch. Ich bin offensichtlich zu klein zum Ringturnen."

Ich habe gerade einen Wachstumsschub. Deshalb habe ich gerade sehr weiche Knochen und darf mich nicht sportlich betätigen.

Mir ist heute Morgen auf dem Schulweg ein Auto über den Fuß gerollt. Jetzt kann ich leider nicht mitturnen.

Seilklettern! Das geht heute leider nicht wegen Arthritis in meinen Fingern, das liegt bei uns in der Familie.

In Sport habe ich eine Eins, da dachte ich mir heute, da kann ich doch mal aussetzen.

Ich kann heute wegen meinen Ohren nicht mitschwimmen.

Mein Bruder hat gesagt, dass man durch das Chlorwasser beim Schwimmen blind wird. Ich würde deshalb gerne darauf verzichten am Schwimmunterricht teilzunehmen.

Schüler in der Turnhalle zum Lehrer: „Bei mir wurde festgestellt, dass ich eine Allergie auf Naturhanf habe." Der Lehrer etwas verwundert: „Ja, und was möchtest du mir konkret damit sagen?"

Schüler: „Ich kann leider nicht beim Seilklettern mitmachen, weil die Seile eben aus Naturhanf bestehen."

Lehrer: „Pech, dann bist du heute der Einzige, der am Reck turnen muss."

Auf dem Schulweg ist ein LKW durch eine riesige Pfütze gefahren und hat mich von oben bis unten durchnässt. Das ganze Wasser ist auch in meinen Turnbeutel gelaufen und hat meine ganzen Sportklamotten durchnässt. Jetzt habe ich leider nicht die richtige Ausrüstung, um am Sportunterricht teilzunehmen.

WEGEN MEINER SONNENALLERGIE KANN ICH HEUTE NICHT AUF DIE TARTANBAHN UND 1000 METER LAUFEN. ICH BLEIBE ABER GERNE IM SCHATTEN UND FEUERE MEINE MITSCHÜLER AN.

Was! Sport!?! Ich dachte, das haben wir in diesem Schuljahr nicht mehr.

Ich werde später mal Manager, da muss ich nur sitzen, also kann ich mir den Sport ja jetzt schon sparen.

Meine Mutter hat mich gerade angerufen, ich soll nach Hause kommen, weil sie weg muss und ich auf meinen kleinen Bruder aufpassen soll. Tja, sehr schade, ich hätte gerne am Sportunterricht teilgenommen.

Mein Arzt hat mir verboten, mehr als 7432 Schritte am Tag zu gehen. Da ich schon bei 4000 bin und noch einkaufen und nach Hause laufen muss, muss der Dauerlauf leider ausfallen.

Ich spiele jeden Tag vier Stunden Sports Champions 2 auf meiner Playstation. Das reicht doch als Sport!

Beim letzten Trampolin springen bin ich über die Weichbodenmatte hinausgeschossen. Diesmal mache ich da nicht mehr mit!

Mein Mofa ist heute nicht angesprungen. Da war ich gezwungen, zur Schule zu laufen. Jetzt bin ich so außer Atem, dass ich für den Sportunterricht keine Energie mehr habe.

Ich habe Rückenschmerzen.

Mir ist es heute zu warm,
um Sport zu treiben.

Leider kann ich aufgrund eines eingewachsenen
Zehennagels nicht in meine Turnschuhe schlupfen.

DER MATHEMATIKLEHRER MEINTE,
ICH HÄTTE KEIN RÜCKGRAT.
OHNE KANN ICH LEIDER BEIM
KUGELSTOSSEN NICHT TEILNEHMEN.

Der Lehrer fragt einen Schüler, weshalb er so stark
humpelt und ob er am Sportunterricht teilnehmen
könne. Schüler: „Es tut mir leid, aber an Sport
ist nicht zu denken, denn ich hatte gestern eine
Meinungsverschiedenheit mit meinem Hund und
der kann offensichtlich ordentlich zwicken."

Heute Morgen habe ich mir beim Schneiden
der Zehennägel ins Nagelbett geschnitten.
Sie glauben gar nicht wie das schmerzt!

Die Reckstange ist zu hoch,
da komme ich nicht hin.

DAS TRAMPOLIN FEDERT VIEL ZU STARK,
DA HAUE ICH MIR BEI MEINER GRÖSSE
DEN KOPF AN DER HALLENDECKE AN!

Ich habe leider eine Allergie gegen das
synthetische Leder des Basketballs.
Ich darf nur mit Echtlederbällen spielen.

DIE STANGEN VOM BARREN SIND ZU WEIT AUSEINANDER,
DA FALLE ICH IMMER ZWISCHENDURCH.

Meine Turnschuhe sind durchgelatscht und wir können uns gerade keine neuen leisten.

Die Kugel zum Kugelstoßen ist zu schwer, die kann ich nicht mal vom Boden hochheben!

Mein Frettchen ist gestern aus dem Fenster gesprungen und im Affekt bin ich gleich hinterher. Zweiter Stock! Sport ist unmöglich die nächsten Wochen!

Ich habe noch keine optimale Bikinifigur, ich gehe nicht mit zum Schwimmunterricht.

Ich musste meinem Großvater gestern helfen Feuerholz zu schneiden. Ich kann mich vor lauter Muskelkater die nächsten Wochen bestimmt nicht bewegen.

Verzeihung, ich habe meine Sportklamotten nicht dabei. Ein Schulkamerad hat mit mir gewettet, dass ich meine Sporttasche nicht bis zur Laterne hochwerfen kann. Ich konnte es! Nur leider hängt die Tasche da immer noch.

VERZEIHUNG, ABER ICH HABE SPLISS, ICH KANN NICHT AM SCHWIMM-UNTERRICHT TEILNEHMEN.

Ich habe meine Sportkleidung nicht dabei, weil ich dachte, heute gibt's Theorieunterricht.

Fußball kann ich leider nicht spielen, da ich zwei linke Füße habe.

Aufgrund akuten Magnesium-mangels kann ich leider keinen Sport treiben, weil sich sonst alle meine Muskeln verkrampfen.

Der Sportlehrer bringt Fußbälle aus einem Neben-
raum und bemerkt, dass ein Schüler einen etwas
panischen Gesichtsausdruck hat. Er fragt den
Schüler, ob etwas passiert sei. Darauf der Schüler
mit zitternder Stimme: „Ich habe eine Ballophobie!"

Mein Akku ist leer und ich muss noch
nach Hause laufen. Für Sport habe ich
also keine Energie mehr.

Eine gute Fee hat mir heute Nacht versprochen,
dass ich heute keinen Sport machen muss,
was sagen Sie dazu, Herr Lehrer?

Schüler zum Lehrer vor der Sportstunde:
„Gestern hieß es noch, Sie seien krank,
deshalb habe ich heute nicht das richtige
Schuhwerk dabei."

ICH WERDE IN MEINER FREIZEIT ALS GESICHTSMODEL
EINGESETZT. VOLLEYBALL IST DAHER ZU GEFÄHRLICH.
ICH KÖNNTE JA EINEN BALL INS GESICHT BEKOMMEN.

Was!? Wir haben Sport!?!
Aber die Turnhalle wird doch
renoviert hat man mir gesagt.

Beim Seilklettern bekomme ich immer Blasen an
den Händen und kann dann zwei Tage nichts essen,
weil ich das Besteck nicht halten kann.

IRGENDJEMAND HAT MEINE SPORTKLAMOTTEN VERSTECKT,
JETZT KANN ICH LEIDER NICHT MITMACHEN.

MEIN FAHRRAD HATTE EINEN PLATTEN UND ICH MUSSTE ZUR SCHULE JOGGEN, SONST WÄRE ICH ZU SPÄT GEWESEN. ICH FINDE, DAS IST GENUG SPORT FÜR EINEN TAG.

Ich bin viiiiiiiiiel zu müde, um Sport zu machen. Heute Nacht ist nämlich mein Geschwisterchen geboren.

Bodenturnen ist nichts für mich, weil ich doch ein Überflieger bin!

Ich habe eine Allergie gegen die sogenannte Sandmilbe, deshalb ist Weitspringen nichts für mich.

Meine Füße sind wohl heute Nacht spontan gewachsen und passen nicht mehr in meine Sportschuhe.

Ich musste heute Nacht auf dem Sofa schlafen, weil wir Besuch zu Hause haben. Davon habe ich tierische Rückenschmerzen bekommen und kann nicht am Sportunterricht teilnehmen.

Sport ist Mord, sagt man so schön.
Also lass ich das lieber,
denn ich will ja kein Mörder werden.

Meine Pollenallergie verbietet mir leider an einem Langstreckenlauf teilzunehmen, weil ich so schlecht atmen kann.

ICH KANN BEIM VOLLEYBALL NICHT MITSPIELEN, WEIL ICH EINER RELIGION ANGEHÖRE, DIE RUNDE BÄLLE FÜR TEUFELSWERKZEUG HÄLT.

Ich bin gesundheitlich nicht in der Lage am Sportunterricht teilzunehmen und berufe mich auf die ärztliche Schweigepflicht.

Ich habe zu kleine Hände, ich kann die Barrenstangen nicht umgreifen.

EINE VERSPANNUNG IM RÜCKEN, DIE ICH MIR HEUTE NACHT DURCH EINEN ZUG ZUGEZOGEN HABE, VERHINDERT DIE TEILNAHME AM SPORTUNTERRICHT HEUTE.

Ich kann keine Rolle
auf dem Barren machen,
meine Schultern sind
viel zu schmal.

Mir ist heute Morgen der Schulbus vor der Nase
weggefahren und ich musste die 15 Kilometer zur
Schule radeln. Mein Sport-Soll ist für heute erfüllt.

Meine Mutter hat meine Sportklamotten
gewaschen und jetzt pass ich nicht mehr
in meine Hosen. Leider kann ich mit Jeans
nicht am Sportunterricht teilnehmen.

MEIN BMI LIEGT BEI 20,
SPORT HABE ICH SOMIT NICHT NÖTIG.

Mein kleiner Bruder hat mich mit einer Erkältung angesteckt. Ich sollte also Sport vermeiden, um keine Herzmuskelentzündung zu bekommen.

Ich konnte heute Nacht nur zwei Stunden schlafen, weil der Nachbarshund die ganze Nacht gekläfft hat. Für den Sportunterricht habe ich keine Energie.

Mir wurde gesagt, dass Sport für die Knochen nicht gut ist, deshalb würde ich den Unterricht lieber ausfallen lassen.

ICH LAUFE HEUTE DEN 1000-METER-LAUF NICHT MIT. MEIN SCHULKAMERAD ÜBERNIMMT DAS, DENN ER HAT EINE WETTE VERLOREN. ER WIRD DAFÜR 2000 METER LAUFEN.

MEIN WASSERHAUSHALT STIMMT NICHT,
HAT DER KINDERARZT GESAGT.
IST DA SPORT MACHEN DANN NICHT GEFÄHRLICH,
WEIL MAN WIEDER WASSER VERLIERT?

Ich werde mal Koch,
deshalb ist der Sportunterricht uninteressant für mich.

Ich habe vom Playstation spielen
eine Sehnenscheidenentzündung,
deshalb kann ich beim Kugelstoßen
nicht teilnehmen.

Mich besorgt die Tatsache, dass das Absprung-
brett so weit vom Sand entfernt ist. Ich werde
das Weitspringen mal lieber lassen.

Meine Eltern haben mir so viel Pausenbrot
mitgegeben, dass ich so voll bin, dass ich
nicht mehr Sport machen kann.

Mich lassen meine Geschwister immer die ganze Hausarbeit machen. Ich kann mich einfach nicht mehr bewegen.

ICH KANN MIR NICHT VORSTELLEN BODEN ZU TURNEN, DENN ICH HABE EIN HOHLKREUZ. BEIM PURZELBAUM WÜRDE ICH MICH IMMER AUF DEM RÜCKEN EINPENDELN.

Mein Kopf ist zu groß. Damit bleibe ich immer an der Reckstange hängen.

LASSEN SIE MICH MAL ÜBERLEGEN, OB ICH AM SPORTUNTERRICHT TEILNEHME. WARUM? WEIL ICH EHER SO DER TYP DENKER BIN, STEHT IN MEINEM ZEUGNIS.

Mich hat heute ein freilaufender Hund in die Schule gehetzt. Ich hab jetzt solche Wadenkrämpfe, dass ich mich nicht mehr rühren kann.

Ich muss heute noch helfen Feuerholz zu machen, deshalb würde ich mir die Kraft gerne für später aufsparen.

Mein Großvater hat Arthritis. Ist das ansteckend? Mir schmerzen nämlich die Gelenke heute so stark, dass ich, glaube ich, keinen Sport machen kann.

MEIN KOPF PASST NICHT DURCH DEN KRAGEN MEINES SHIRTS. MIR HAT MEINE MUTTER WOHL DAS SHIRT MEINES KLEINEN BRUDERS EINGEPACKT. DA ICH SONST NUR MEINE NORMALE SCHULKLEIDUNG HABE, KANN ICH LEIDER NICHT AM UNTERRICHT TEILNEHMEN.

ICH HABE HEUTE MORGEN IM ZUG MEINE SPORTTASCHE VERGESSEN. DIE MÜSSTE INZWISCHEN AM NÄCHSTEN HAUPTBAHNHOF ANGEKOMMEN SEIN.

Herr Lehrer, haben Sie sich schon mal überlegt, schlafen als Sport durchgehen zu lassen? Dann wären wir in den darauffolgenden Stunden richtig fit.

Ich habe leider meine Mathematik Hausaufgaben noch nicht ganz von meinem Freund abgeschrieben. Das muss ich jetzt im Sportunterricht noch schnell nachholen, also bitte verzeihen Sie das Fehlen.

Mein linker kleiner Zeh ist zu stark von einer Wanderung am Wochenende beansprucht, als dass ich heute Sport machen könnte.

Entschuldigung, aber ich dachte, sie wären krank und der Sportunterricht würde heute ausfallen. Darum habe ich auch meine Sporttasche nicht dabei.

Heute Morgen hat es geregnet, als ich aus dem Fenster gesehen habe. Ich dachte mir, bei dem Wetter machen wir sicher keinen Sport und ich habe deshalb alle meine Sportklamotten zu Hause gelassen.

MEINE MUTTER HAT MEINE SÄMTLICHEN SPORTKLAMOTTEN GEWASCHEN UND DIE SIND NOCH NICHT TROCKEN GEWESEN, ALS ICH VON ZU HAUSE AUS LOS ZUR SCHULE BIN.

Bodenturnen!?! Geräteturnen!?! Ich habe plötzlich so ein Kratzen im Hals. Ich glaube, ich muss heute Sport bedauerlicherweise ausfallen lassen, um keine längere Krankheitsphase zu riskieren.

MEIN VATER HAT SICH BEIM JOGGEN EINEN
MUSKELFASERRISS GEHOLT. DER ARZT SAGTE,
DASS DAS IN DER FAMILIE LIEGT. DAS IST DER
GRUND, WESHALB ICH KEINEN SPORT MEHR
MACHEN DARF.

Ich habe eine Allergie gegen alles, was rund ist.
Da wir nun heute Ballsportarten betreiben,
würde ich den Sportunterricht für heute
ausfallen lassen.

Mein ganzer Rücken ist verspannt vom
dauernden Sitzen in der Schule. Bevor
sich die Verspannungen nicht gelöst
haben, ist es nicht gut, gleich mit Sport
zu beginnen.

Chlorwasser ist schlecht
für meine Haut, deshalb
werde ich dem Schwimm-
unterricht fern bleiben.

Ich habe mir gestern den kleinen Finger
eingeklemmt und habe nun Angst,
dass noch mal etwas passiert, was dann
schlimmere Folgen hat, wenn ich heute
Sport mache.

Mir ist der Schnürsenkel
am Sportschuh gerissen und
so kann ich nicht am Dauerlauf
teilnehmen.

Mir hat letztes Mal jemand beim
Staffellauf den Stab so auf die
Finger geklopft, dass ich zwei
Tage nicht schreiben konnte.
Da mach ich diesmal nicht mit!

Die Turnhalle ist nicht frisch geputzt,
da kann ich nicht rein, weil ich eine
Stauballergie habe.

MIR PASSEN PLÖTZLICH MEINE SPORTSCHUHE NICHT MEHR.
JETZT KANN ICH LEIDER NICHT MITTURNEN.

Ich habe meine Sporttasche versehentlich an der Bushaltestelle liegen gelassen.

Ich habe heute mein Make-up vergessen, deshalb kommt Schwimmen nicht infrage. Wie würde ich denn da hinterher aussehen!

Ich habe ein gestauchtes Handgelenk, deshalb kann ich heute nicht beim Weitwurf mitmachen.

Meine Augen sind sehr schlecht, weil ich so eine starke Allergie habe. Beim Fußball würde ich dann lieber nicht mitspielen, weil ich den Ball gar nicht treffen würde.

Einer meiner Turnschuhe ist verschwunden. Mit nur einem Turnschuh kann ich nicht am Sportunterricht teilnehmen.

Ich habe gestern Yoga gemacht und heute immer noch das Gefühl ich hätte einen Knoten in den Beinen. Darum ist Laufen heute unmöglich für mich.

EIN ÄLTERER SCHÜLER HAT MEINEN SPORTBEUTEL AN DER BUSHALTESTELLE AUF EINE LATERNE GEWORFEN. ICH HAB IHN DA NICHT RUNTERHOLEN KÖNNEN, DESHALB HABE ICH KEINE SPORTKLAMOTTEN DABEI.

Ich habe mir mit meinem Pausenbrot den Magen verdorben. Nun ist mir ziemlich schlecht und ich würde lieber nicht am Sportunterricht teilnehmen.

Ich hab mir nun beim Volleyball schon
dreimal den Daumen gestaucht. Ein vier-
tes Mal kommt das nicht infrage. Diese
Ballsportart muss ohne mich stattfinden.

ICH HABE MEINE SPORTTASCHE
MIT DER MEINER SCHWESTER
VERWECHSELT. DA MIR DIE
LEGGINS NICHT PASSEN, HABE ICH
LEIDER KEINE SPORTKLEIDUNG.

WIR HABEN HEUTE FÖHN, DA BEKOMME ICH
IMMER STARKE KOPFSCHMERZEN UND DARF
MICH NICHT ANSTRENGEN.

Ich habe leider mein
Handtuch vergessen
und kann deshalb nicht
am Schwimmunterricht
teilnehmen.

Mein Schultergelenk springt immer wieder raus, deshalb werde ich den Weitwurf auslassen.

MEINE SPORTKLAMOTTEN SIND MIR HEUTE AUF DEM SCHULWEG AUS DER TASCHE GEFALLEN UND DIREKT IN EINE RIESIGE PFÜTZE. LEIDER SIND SIE IMMER NOCH TRIEFEND NASS UND ICH HABE NICHTS ANDERES FÜR DEN SPORTUNTERRICHT DABEI.

Ich habe einen Fersensporn und kann deshalb nicht richtig laufen. Das liegt bei uns in der Familie, hab ich mir sagen lassen.

Ich habe meine Sportschuhe einem Mitschüler aus einer anderen Klasse geliehen, weil er seine vergessen hatte. Leider habe ich sie noch nicht wiederbekommen.

MEINE SCHNÜRSENKEL AN DEN SPORTSCHUHEN HABEN SICH SO VERZWIRBELT, DASS ICH SIE NICHT MEHR LÖSEN KANN.

Wegen einer entzündlichen Stelle auf der Haut darf ich leider keinen Sport machen, hat meine Mutter heute Morgen gesagt.

Mein Körper sagt, 1000 Meter sind heute nicht drin zu laufen, weil ich viel zu müde bin. Mein Vater schnarcht nämlich so laut, dass ich kaum schlafen kann.

Seit der Pause ist meine Sporttasche verschwunden.

132

Disziplin und Zeugnis sind nicht alles im Leben

DER KINDERARZT HAT GESAGT, ICH MUSS SO VIEL SCHWÄTZEN, DAMIT MEIN MUND NICHT TROCKEN WIRD.

Ich muss so viel zappeln,
weil ich im Wachstum bin.

Mein Zeugnis wurde
auf der Fahrt nach
Hause vom Winde
verweht.

ICH HABE UNTERZUCKER, DESHALB MUSS ICH
WÄHREND DES UNTERRICHTS ESSEN.

Meine Finger klopfen von ganz alleine
den neuesten Beat auf der Tischplatte,
die haben ihr eigenes Gehirn.

Lehrer: „Wir haben
dich gestern vermisst."
Schüler: „Ich Sie auch."

Ich habe gehört,
wie meine Mutter meinen
Vater verärgert fragte,
ob er denn Tourette habe.
Da das vererbbar ist,
darf ich ab heute im
Unterricht fluchen.

Die Noten meines Zeugnisses muss man aus der Sicht des Schweizer Benotungssystems betrachten.

ICH MUSS MICH REGELMÄSSIG PRÜGELN, SONST
BEGINNE ICH WIEDER MIT DEM RAUCHEN UND
DA HABEN MEINE ELTERN ETWAS DAGEGEN.

Die Antwort eines Schülers, als dessen Eltern
am letzten Schultag nach seinem Zeugnis
fragen: „Im Allgemeinen beschäftigt sich die
SHC-Hypothese mit dem menschlichen Körper.
In meinem Fall jedoch muss festgehalten
werden, dass sich das Papier, auf dem mein
Zeugnis gedruckt war, spontan in Rauch aufgegangen ist. Nun verhält es sich so, dass ich
eine neue Kopie erst wieder nach den Ferien
bekommen kann."

Ich kann nicht still sitzen, ich habe heute
Morgen zu viel Kaffee getrunken.

Mein Bein wackelt, weil ich nervös bin und
wenn ich nervös bin, wackelt mein Bein,
was soll ich da tun!?!

MEINE FREUNDIN SAGT IMMER ICH SOLL LAUTER SPRECHEN, DESHALB SCHWÄTZE ICH JETZT NICHT MEHR LEISE.

Ein vermeintlich sehr gläubiger katholischer Schüler in einer konfessionslosen Gegend lässt sich häufig wegen diverser katholischer Feiertage freistellen.
Schüler: „Morgen werde ich nicht zum Unterricht erscheinen, da der katholische Gedenktag Maria Schnee ist."
Lehrer: „Und übermorgen kommst du dann zu mir und lässt dich wegen Max und Moritz freistellen!"

Gestern war ich nicht in der Schule, weil die Kitas bestreikt wurden und ich daraufhin auf meine kleinen Geschwister aufpassen musste.

Ich habe mein Zeugnis in der Schule liegen lassen und kann es dir erst nach den Sommerferien zeigen.

ICH HABE HEUTE MEIN SCHULZEUG NICHT DABEI, WEIL DER BUS MEINE SCHULTASCHE IN DER TÜR EINGEKLEMMT HAT UND NICHT MEHR HERGEBEN WOLLTE.

Lehrer: „Sprich bitte deutlich und nuschel nicht so." Schüler: „Versuchen Sie mal mit zwei vom Zahnarzt vergessenen Watterollen in der Wange deutlich zu sprechen."

Ich habe die Unterlagen für das Fach nicht dabei, weil auf meinem Stundenplan zu Hause genau auf diesem Feld ein Fleck war.

Mein Banknachbar textet mich die ganze Zeit zu, deshalb sind meine Noten so schlecht.

Lehrer: „Weshalb warst du denn gestern nicht in der Schule?" Schüler: „Was heißt gestern war Schule? Heute ist doch Montag. Demnach muss gestern Sonntag gewesen sein und Sonntag ist keine Schule. Ah, heute ist Dienstag, na dann war gestern Montag und montags ist Schule."

ICH KONNTE GESTERN NICHT IM UNTERRICHT ERSCHEINEN, WEIL ICH VON MEINEM FREUND VERLASSEN WURDE. DAS HAT MICH SEHR MITGENOMMEN.

In einer Schulklasse wurde die Bestätigung der Anwesenheit durch Unterschrift auf einer Klassenliste eingeführt. Dem Lehrer fällt auf, dass eine Schülerin für drei Schüler unterschreibt und fragt nach, weshalb sie das tut. Daraufhin die Schülerin: „Ich kann nur die drei Unterschriften."

Ich habe keine Entschuldigung für den Fehltag vorgestern, weil meine Eltern auch krank waren und nichts schreiben konnten.

Mein Lehrer kann mich nicht leiden, deshalb habe ich in Physik eine Fünf.

Ich war recht nervös wegen der Schulaufgabe und wollte keine Unruhe in den Unterricht bringen, deshalb bin ich erst gar nicht in der Schule erschienen.

IM LETZTEN ZEUGNIS HABEN SIE, HERR LEHRER, BEMÄNGELT, DASS ICH MICH ZU WENIG EINBRINGEN WÜRDE, DESHALB SPRECHE ICH JETZT IM UNTERRICHT MEHR MIT MEINEN BANKNACHBARN.

Auf dem Weg zur Schule habe ich meine Kontaktlinse verloren. Nachdem ich dann auf einem Auge scharf gesehen habe und auf dem anderen nicht, musste ich nicht nur zum Optiker, sondern auch zum Orthopäden, bei dem eine Prellung der Halswirbelsäule festgestellt wurde. Der Baum kam auch überraschend schnell auf mich und mein Fahrrad zu.

Ein Schüler sitzt sichtlich abgelenkt im Unterricht.
Lehrer: „Kann ich dir irgendwie helfen?"
Schüler: „Ja, vielleicht."
Lehrer: „Was beschäftigt dich denn?"
Schüler: „Ich war eben auf der Schultoilette und
weiß nicht, wie ich dem Hinweis am Fenster nach-
kommen soll, bitte das Fenster nach dem Verlassen
der Toilette schließen!?!"

MEINE ELTERN WAREN DIE
GANZEN SECHS WOCHEN IM
SOMMERURLAUB, DESHALB
KONNTE ICH MEIN ZEUGNIS
NICHT UNTERSCHREIBEN LASSEN.

Ein Schüler tauchte Montag und Dienstag nicht zum
Unterricht auf. Am Mittwoch fragt ihn ein Lehrer, wo er
denn die letzten zwei Tage gewesen sei. Da antwortet
ihm der Schüler: „Ich hatte einen Migräneanfall namens
„Rock im Park", der die letzten zwei Tage angehalten hat."

Ein Schüler flucht laut während einer Schulaufgabe.
Der Lehrer mahnt ihn daraufhin zur Stille.
Schüler: „Ich wollte nur die Gesamtstimmung kurz
zusammenfassen."

Gestern war der irische Feiertag St. Patrick's Day. Da ich halber Ire bin, bin ich deshalb zu Hause geblieben.

Lehrer: „Wo warst du denn gestern?"
Schüler: „Mir ging es nicht gut und ich bin nicht in der Lage mich dazu näher zu äußern."

Ein Lehrer betritt während der Pause ein Klassenzimmer und sieht wie ein Schüler in der Tasche eines Mitschülers wühlt. Auf die Frage, was er da tue, antwortet der Schüler: „Mir ist mein Haustürschlüssel beim Vorbeilaufen in die Tasche gefallen und nun suche ich ihn."

Leider habe ich meine Unterlagen nicht dabei, weil ich meinen Stundenplan falsch beschriftet habe und ich dachte, dass wir heute keinen Biologieunterricht haben.

ZWEI SCHÜLER STREITEN SICH AUF DEM SCHULHOF, BIS DER EINE DEN ANDEREN IN DEN SCHWITZKASTEN NIMMT. EIN LEHRER LÖST DEN STREIT AUF UND FRAGT, WAS VORGEFALLEN SEI. DIE SCHÜLER ANTWORTEN IHM KECK: „WIR HABEN UNS GAR NICHT GEPRÜGELT, SONDERN NUR UMARMT, WEIL WIR UNS SO LANGE NICHT MEHR GESEHEN HABEN."

Irgendjemand hat am Wochenende erzählt, die Schule sei überschwemmt worden und sie sei eine Woche geschlossen, deshalb war ich letzte Woche nicht anwesend.

Der Biologielehrer betritt das Klassenzimmer und möchte die Tafel benutzen, stellt aber fest, dass diese nicht gewischt wurde. Ein Blick ins Klassenbuch klärt auf, wer die Tafel hätte putzen sollen. Er fragt den zuständigen Schüler und dieser antwortet: „Ich konnte wegen anhaltender Schmerzen in meiner rechten Clavicula die Tafel nicht reinigen."

Tut mir auch wirklich leid, dass ich nach jedem Stundenwechsel zu spät zum Unterricht komme, aber ich habe eine schwache Blase.

Ein Schüler schläft seit Tagen immer wieder im Unterricht ein. Der Lehrer spricht ihn darauf an und fragt, was los sei. Schüler: „Meine Eltern wollten mir unbedingt ein Geschwisterchen zur Seite stellen. Nun ist es da und schreit die ganze Nacht. Das haben sie toll gemacht!"

ICH BIN GESTERN NICHT IN DER SCHULE ERSCHIENEN, WEIL ICH MORGENS AUFGEWACHT BIN UND DACHTE, ES SEI SONNTAG.

Das ist gar nicht mein Zeugnis, sondern das von meinem Banknachbarn. Der Lehrer hat da einen Fehler gemacht. Jetzt kann ich euch meines erst zeigen, wenn die Sommerferien vorbei sind.

Meine Englischnote ist so schlecht, weil der Lehrer im Unterricht einfach nicht deutsch spricht!

Ein Schüler streitet sich immer öfter mit seinen Mitschülern und wird daraufhin von einem Lehrer angesprochen. Schüler: „Ich bin ein Einzelkind und meine Eltern haben zu mir gesagt, ich solle mich mehr mit meinen Mitschülern auseinandersetzen."

Meine Eltern hatten gestern beide kurzfristige und dringende Termine und es sollte ein Herr eines Telefonunternehmens kommen und unseren Telefonanschluss prüfen. Da blieb nur ich übrig, um den ganzen Tag auf den Herrn zu warten.

Das sind doch nur Zahlen und Buchstaben. Das ist doch nur Schall und Rauch.

ICH KOMME GAR NICHT SO OFT ZU SPÄT ZUM UNTERRICHT! IHRE UHR GEHT NÄMLICH SEIT WOCHEN VOR!

ICH KONNTE DIE LETZTEN VIER SCHULAUFGABEN NICHT MITSCHREIBEN, WEIL ICH IMMER JUST AN DIESEM TAG EINEN TINNITUS IM OHR HATTE, DER MEINE GEDANKEN GANZ DURCHEINANDER-GEBRACHT HAT.

Ich schwätze nicht mit meinem Banknachbarn, sondern tausche, ganz nach der deutschen Meinungsfreiheit, Gedanken mit ihm aus.

Lehrer: „Warum verlässt du denn innerhalb einer Stunde zum vierten Mal den Unterricht?"
Schüler: „Sie haben doch verboten, das Smartphone im Unterricht zu benutzen."

Wir haben uns gar nicht geprügelt, sondern Sport getrieben. Die Medien sind doch voll davon, dass sich die Jugend zu wenig bewegt!

Einser kann jeder, aber genau zwei Fünfen sind schon anspruchsvoll.

ICH DACHTE, HEUTE IST FREITAG UND GESTERN WAR DONNERSTAG UND DONNERSTAGS HABE ICH KEINEN UNTERRICHT, ABER HEUTE IST JA MITTWOCH UND GESTERN WAR DIENSTAG, DESHALB HABE ICH GESTERN GEFEHLT.

Verzeihung, Herr Lehrer, aber ich muss heute so auf meinem Stuhl rumzappeln, weil mich gestern beim Baden eine Wespe in den A ... llerwertesten gestochen hat.

Lehrer: „Du gähnst zum fünften Mal, langweile ich dich so sehr?" Schüler: „Nein, nein! Natürlich nicht! Mich hat heute Nacht ein Schwarm Mücken wach gehalten, dementsprechend müde bin ich heute."

ICH HABE NICHT AUF MEIN HANDY GESEHEN! DAS IST EIN SMARTPHONE!

DAS IST KEIN SCHLECHTES SCHRIFTBILD,
SONDERN MODERNE KUNST!

Am Sommerferienbeginn lag das Zeugnis noch unterschrieben von meinen Eltern auf meinem Schreibtisch, heute Morgen wollte ich es einpacken, da war es nicht mehr da und unauffindbar.

Dem Lehrer fällt auf, dass einem Schüler immer wieder die Augen zufallen, er fragt: „Langweile ich dich so sehr, dass du schon einschlafen musst?" Der Schüler antwortet: „Verzeihung, aber gestern Abend erschien plötzlich ein grelles Licht und ich wurde von kleinen flauschigen Männchen in den Weltraum geholt. Die haben mich mit Fragen bombardiert bis zum Morgengrauen und ich konnte keine Sekunde schlafen!"

EIN SCHÜLER FLÜSTERT SEINEM LEHRER ZU BEGINN DER SCHULSTUNDE ZU: „ICH KANN MEIN REFERAT HEUTE NICHT HALTEN, WEIL ICH DERART KOPFSCHMERZEN HABE, DASS ICH NICHT LAUT SPRECHEN KANN."

Verzeihung, ich bin schon wieder zu spät, weil mir ständig mein Hund wegläuft und sich versteckt.

Gruppenarbeit kommt nicht infrage! In bin Einzelgänger, die Aufgabe muss ohne mich stattfinden.

Ich kann nicht ruhig sitzen, ich musste mit meiner Familie am Wochenende kilometerweit Rad fahren. Glauben Sie mir, nach einiger Zeit weiß man nicht mehr, wie man sitzen soll.

Wir sollten das Zeugnis unterschreiben lassen? Entschuldigung, das wusste ich nicht! Ich werde das nachholen, aber mein Vater hatte in der letzten Ferienwoche einen Arbeitsunfall und kann die nächsten sechs Wochen keinen Stift in die Hand nehmen und meine Mutter ist die nächsten drei Monate bei ihren Eltern.

LEHRER: "WESHALB GEHST DU DENN NICHT IN DIE PAUSE?" SCHÜLER: "ICH MUSSTE AM WOCHENENDE MIT MEINEN ELTERN EINE FAHRRADTOUR MACHEN. VERSUCHEN SIE MAL NACH 100 KILOMETERN AM NÄCHSTEN TAG VON EINEM STUHL AUFZUSTEHEN. BIS ICH DAS GESCHAFFT HABE, IST DIE PAUSE WIEDER VORBEI."

Lehrer: "Warum verlässt Du denn schon wieder das Klassenzimmer?" Schüler antwortet trocken: "Im Klassenzimmer hat man kein Netz."

EIN SCHÜLER MIT MÜDEN AUGEN KÄMPFT SICHTLICH GEGEN DEN SCHLAF. SEINE AUSREDE: "MEIN KANARIENVOGEL IST GESTERN DAVONGEFLOGEN UND ICH BIN IHM DIE HALBE NACHT HINTERHERGEFLOGEN."

Meine Hefte sind gar nicht zerknittert!
Sie müssen wissen, dass das jetzt der
neue Look für Aufgabenhefte ist.

EIN LUFTZUG IM BUS HAT MEIN ZEUGNIS
AUS DEM FENSTER GEWEHT. JETZT MUSS
ICH EIN NEUES BEANTRAGEN.

Lehrer: „Zieh doch bitte deine Schuhe wieder an,
wir sind hier nicht zu Hause im Wohnzimmer."
Schüler: „Verzeihung, aber ich musste heute
Morgen aufgrund einer Baustelle über eine Wiese
laufen und dort bin ich in eine riesige Matschpfüt-
ze getreten, sodass das Wasser sogar oben in den
Schuh gelaufen ist. Bevor ich nun die nächsten
drei Tage krank bin, dachte ich mir, ziehe ich die
Schuhe lieber aus. Ich möchte ja den Unterricht
nicht so lange verpassen!"

Lehrer: „Hängt doch bitte eure Jacken
draußen in der Garderobe auf und nicht
über eure Stühle." Schüler: „Haben Sie
die Durchsage nicht gehört, die Haken
der Garderoben werden heute runder-
neuert."

Es gibt Mitschüler, die haben noch
ein viel schlechteres Zeugnis als ich.

150

Ein Schüler packt bei einem Probealarm seelenruhig seine Schulsachen zusammen. Der Lehrer blickt ihn fragend an. Schüler: „Na, glauben Sie, jede Familie kann es sich leisten alle Schulmaterialien neu zu kaufen, wenn diese einem Feuer zum Opfer gefallen sind!"

Ein Schüler rutscht unruhig auf seinem Stuhl hin und her. Der Lehrer beobachtet das Szenario eine Weile und ringt sich dann doch durch, den Schüler zu fragen, weshalb er so unruhig sei. Als Antwort erhält er von dem Schüler: „Ich hatte keine frische Wäsche mehr und musste Unterwäsche von meinem kleinen Bruder anziehen."

Lehrer: „Weshalb meldest du dich schon wieder? Musst du schon wieder auf die Toilette?"
Schüler: „Meine Mutter hat mir ein warmes Bier zu trinken gegeben, weil ich leicht erkältet bin. Versuchen Sie da mal zehn Minuten ohne Toilette auszukommen!"

Ich habe meine Schulmaterialien nicht dabei, weil mir gestern jemand sagte, heute wäre Projekttag.

Lehrer: „Weshalb streitet ihr denn schon wieder?"
Beide Schüler im Chor: „Wir streiten drum, wer Ihnen die richtige Antwort auf Ihre Frage geben darf!"

Ein Schüler im Religionsunterricht:
„Kosmische Fügung hat mich gestern dazu ermutigt, mich nicht länger mit irdischen Oberflächlichkeiten wie Referaten zu beschäftigen. Nun stehe ich vor euch und habe rein gar nichts zu berichten."

Ich esse nicht während des Unterrichts, sondern ich kaue nur!

Wir haben heute Mathematik? Oh, jetzt hab ich keinen Taschenrechner und kein Lineal dabei, weil ich wohl im Stundenplan in der Spalte verrutscht bin.

Ich kann mein Basecap nicht abnehmen, weil mir heute Morgen auf dem Schulweg ein Vogel auf den Kopf gek... hat, das sieht ja lächerlich aus.

DAS SIND GAR NICHT SO VIELE FÜNFEN IN MEINEM ZEUGNIS, DA HAT SICH DER LEHRER VERTIPPT.

LEHRER: „PACK BITTE DEIN NOTEBOOK WEG."
SCHÜLER: „WENN SIE DIE KREIDE WEGLEGEN."

Lehrer: „Legt bitte die Stifte weg, ihr könnt später schreiben. Hört erst zu." Ein Schüler blickt etwas verzweifelt. Auf Nachfrage des Lehrers, wo das Problem läge, antwortet der Schüler: „Mir hat wohl irgendein Schlaumeier Kleber auf den Stift geschmiert und ich bin nicht in der Lage den Stift zur Seite zu legen."

Lehrer: „Zappel nicht so herum."
Schüler: „Ich kann nicht anders, ich bin auf dem Schulweg in einen Ameisenhaufen gefallen. Und es waren rote Ameisen! Das brennt, sag ich Ihnen!"

EIN MÜDER SCHÜLER GIBT ALS AUSREDE AN:
„ICH MUSSTE HEUTE NACHT BEI DER MAISERNTE HELFEN."

Mein Smartphone liegt nur auf dem Tisch, weil ich meine Uhr heute vergessen habe und ich die quälenden Minuten Ihres Unterrichts unbedingt visualisieren muss.

Ich schwätze nicht, sondern führe lediglich Konversation.

Ich kann Ihnen auch nicht sagen,
weshalb es mir immer passiert in
Ihrem Unterricht einzuschlafen.
Bei anderen passiert mir das nicht.

IM PHYSIKUNTERRICHT: DURCH EINE ANOMALIE
IM RAUM-ZEIT-KONTINUUM, WAR ES MIR NICHT
MÖGLICH EINE LÖSUNG FÜR DIESE AUFGABE
AUSZUARBEITEN, DA ICH DIE LETZTE STUNDE
DURCH DIESE ANOMALIE ÜBERSPRUNGEN HABE.

Lehrer: „Warum trägst du denn deine Jacke?"
Schüler: „Ich hab mir in der Pause Tomatensaft
über meinen weißen Pulli geschüttet und hatte
unter dem Pulli nichts an."

Ich finde, Streit sollte zu einem Unterrichtsfach werden, dann müssten Sie uns nicht ermahnen und wir würden lernen, uns richtig miteinander auseinanderzusetzen.

MEIN SMARTPHONE KLINGELT NICHT, SONDERN SPIELT MUSIK. WIR WOLLEN SCHON BEI DER WAHRHEIT BLEIBEN, SCHLIESSLICH ERMAHNEN SIE UNS IMMER, UNS KORREKT AUSZUDRÜCKEN.

Die Tafel ist, wie so oft, nicht gewischt. Die Ausrede des Schülers: „Ich hab die Tafel im Stundenwechsel gewischt, ich schwöre es! Als ich zurück zu meinem Tisch lief, ist jemand nach vorne und hat schnell alles vollgekritzelt und dann kamen Sie schon zur Tür rein. Warum das höhere Mathematik ist, was da an der Tafel steht, weiß ich nicht."

ATLAS? DEN HÄTTEN WIR HEUTE MITBRINGEN SOLLEN?
OH, DEN HABE ICH ABER MEINEM BRUDER GELIEHEN,
DER HAT NÄMLICH HEUTE AUCH GEOGRAFIE.

Das ist kein Streit,
wir unterhalten uns
nur angeregt.

Gestern gab es eine Durchsage,
dass die Lehrer jetzt selbst die
Tafel wischen müssen, haben Sie
die nicht gehört?

MEIN TISCH IST NICHT VERSCHMIERT,
DAS IST MODERNE KUNST.

Lehrer: „Bitte nimm deine Sonnenbrille ab."
Schüler: „Geht nicht, seit heute Nacht bin ich
Vampir und vertrage das Tageslicht nicht."

Ich bin es gar nicht, der während des Unterrichts spricht! Mein Banknachbar ist es!

ICH BIN NICHT MÜDE, SONDERN KONZENTRIERE MICH NUR, DESHALB SIND MEINE AUGEN GESCHLOSSEN.

ICH HABE MEINE SCHULTASCHE NICHT VERGESSEN! DIE WURDE MIR HEUTE MORGEN VON EINEM STRASSENRÄUBER GEKLAUT!

Ich weiß, im Unterricht soll man keinen Kaugummi kauen. Ich bin jedoch dazu angehalten worden meine Kiefermuskulatur zu trainieren.

Ich spreche nur so laut, weil heute Morgen genau neben mir ein LKW gehupt hat. Seitdem habe ich so einen komischen Ton im Ohr.

Ich schreibe nur bei meinem Nachbarn ab, weil ich Ihre Schrift an der Tafel nicht lesen kann.

MATHEMATIKLEHRER: „DER SATZ DES PYTHAGORAS BESAGT?"
SCHÜLER: „DER SATZ DES PYTHAGORAS LAUTET:
LASS DIE KIRCHE IM DORF, SONST BLEIBT DIE TAUBE
NICHT AUF DEM DACH."

Ich komme mit dem Abschreiben
nicht hinterher, weil Sie den Projektor
so unscharf eingestellt haben.

EIN SCHÜLER ANTWORTET MISSMUTIG AUF EINE FRAGE.

LEHRER: „DU DARFST GERNE ETWAS FREUNDLICHER SEIN."

SCHÜLER: „ICH BIN NICHT UNFREUNDLICH, DAS IST MEIN NORMALER PERSÖNLICHER WESENSZUG."

Ich habe keine neue Tinte für meinen Füller.
Meine Eltern sprechen mir nur ein bestimmtes
Kontingent im Monat zu.

Ich habe nicht geschwätzt.
Das war mein Magen!
Der hat geknurrt.

ICH BIN NICHT SCHON WIEDER ZU SPÄT,
SONDERN SIE WAREN SCHON WIEDER
ZU FRÜH DRAN, HERR LEHRER!

*Leider habe ich meinen Taschenrechner und mein
Lineal für den Mathematikunterricht nicht dabei.
Warum? Weil mein Vater Ingenieur ist und ich
mein Arbeitsmaterial mit ihm teilen muss.*

So schlecht ist mein Zeugnis gar nicht.
Wenn man alle Noten zusammenzählt,
habe ich mehr Punkte als alle anderen.

ICH SCHWÄTZE NICHT, ICH BEANTWORTE NUR
DIE FRAGE MEINES BANKNACHBARN.

Lehrer: „Wer hat den Papierknäuel
nach vorne geworfen?"

Schüler: „Ich, Verzeihung, aber in
dem Moment, in dem ich das Papier
in der Hand hatte, hat sich ein
Muskel in meinem Arm verkrampft,
sodass der Papierknäuel einfach nach
vorne flog."

LEHRER: „ÜBER WAS LACHST DU DENN?"
SCHÜLER: „ICH LACHE GAR NICHT, ICH BIN TRAURIG,
WEIL MEIN HAMSTER LETZTE NACHT VERSTORBEN IST."

Schüler: „Ich komme mit dem Abschreiben nicht
hinterher!" Lehrer: „Selbst schuld, wenn du immer
so viel mit deinen Klassenkameraden sprichst."
Schüler: „Die sehen alle schlecht und ich muss
ihnen alles vorlesen!"

Lehrer: „Wer klopft denn da dauernd
auf seinen Tisch?" Schüler: „Verzeihung,
das war ich. Ich bereite mich nur auf
die nächste Stunde vor, da haben wir
Musik und ich übe schon mal den Takt
des Liedes, das wir dort einstudieren
werden."

Da hat kein Telefon geklingelt. Sie sollten
sich vielleicht vorsichtshalber mal wegen
Tinnitus untersuchen lassen.

Ich habe in der Schulaufgabe gefehlt,
weil ich zu lange in die Sonne gesehen
habe und auf weißem Papier nichts
mehr lesen konnte.

Da ich letzte Stunde krank war, hat mir jemand ausgerichtet, dass wir heute keinen Mathematikunterricht haben, deshalb habe ich meinen Rechner nicht dabei. Wer das war? Daran kann ich mich nicht erinnern.

Ich habe nicht auf mein Smartphone gesehen! Es lag nur zufällig in meinem Blickfeld.

LEHRER: „AB HEUTE WERDEN KEINE ZERRISSENEN HOSEN MEHR IM UNTERRICHT GEDULDET."
SCHÜLER: „ICH BRAUCHE DIE ABER ZUR DURCHLÜFTUNG, WEIL ICH SO STARK SCHWITZE."

Lehrer: „Weshalb hast du noch deine Jacke an?"
Schüler: „Weil mein Pullover in der Bustür hängen blieb und zerrissen ist. Ohne ist mir zu kalt."

Ich verlasse den Klassenraum nur, weil ich Sie mit meinem Telefonat nicht stören möchte.

ICH GÄHNE NUR SO OFT, WEIL DIE LUFT SO SCHLECHT IST, NICHT WEIL ICH HEUTE NACHT NUR ZWEI STUNDEN GESCHLAFEN HABE.

Heute Morgen ist der Bus über meine Schultasche gerollt. Jetzt habe ich leider keine Schulunterlagen mehr.

Ich klopfe gar nicht die ganze Zeit auf den Tisch bzw. kann ich nichts dafür. Ich habe ein Muskelzucken in der Hand, das meinen Daumen ständig auf den Tisch tippen lässt.

Der Lehrer möchte das Ergebnis einer gestellten Rechenaufgabe, die er vor zehn Minuten zur Bearbeitung an seine Schüler gegeben hat, hören. Er fragt einen Schüler, der sich offensichtlich nicht mit der Aufgabe beschäftigt hat, nach der Lösung. Der Schüler antwortet: „Ich habe eine Numerophobie. Ich kann keine Zahlen in den Mund nehmen."

Im Deutschunterricht antwortet ein Schüler auf eine Frage, die er nicht beantworten kann, mit Georg Büchners Worten: Aberratio partialis mentalis.

SIE BRAUCHEN MICH NICHT ZU ERMAHNEN, WEIL ICH MÜDE BIN! ICH BESCHWERE MICH JA AUCH NICHT, DASS DER UNTERRICHT ZU LANGWEILIG IST.

Der Lehrer beobachtet, wie die Augen eines Schülers immer schwerer werden und fragt ihn, ob der Unterricht so langweilig sei, dass er gleich einschlafen müsste. Schüler: „Versuchen Sie doch mal zu schlafen, wenn Sie sich die ganze Nacht das Geheule ihrer Schwester anhören müssen, weil sie von ihrem Freund verlassen wurde."

Ich kann leider meine Mütze nicht absetzen, weil ich eine Mittelohrentzündung habe.

ICH MUSS MEINE FÜSSE GEMÜTLICH HOCHLEGEN, WEIL MEINE VENENKLAPPEN NICHT RICHTIG ARBEITEN UND SO DAS BLUT BESSER ZURÜCKFLIESSEN KANN.

Ich habe nicht gepfiffen, ich glaube, Sie haben einen Tinnitus.

TUT MIR LEID, ABER ICH MUSSTE MEINE RATTE MITBRINGEN, WEIL ICH IHR REGELMÄSSIG MEDIKAMENTE GEBEN MUSS.

Ich habe meine Jacke im Unterricht an, weil die Heizung deutlich zu kalt eingestellt ist.

Das Geräusch kam aus meinem Magen! Wirklich!!!

EIN ÄUSSERST MÜDER SCHÜLER WIRD GEFRAGT, WARUM ER IM UNTERRICHT IMMER EINSCHLÄFT. SCHÜLER: „ICH MUSS MIR EIN ZIMMER MIT MEINEM BRUDER TEILEN UND DER SCHNARCHT, DAS KÖNNEN SIE SICH NICHT VORSTELLEN!"

Nachdem ein Schüler zum fünften Mal unter seinem Tisch verschwindet, fragt der Lehrer, wo denn das Problem sei. Schüler: „Der Tisch muss schief stehen, denn mein Stift rollt immer wieder davon und fällt vom Tisch."

Ich habe nicht gerülpst. Mein Stuhl hat geknarzt.

Ausfragen – gewusst wie!

IM PHYSIKUNTERRICHT SOLL EIN SCHÜLER DEN BEGRIFF RELATIVITÄT ERKLÄREN. DER SCHÜLER ANTWORTET: „WENN MAN ZWEI STUNDEN LANG MIT EINEM MÄDCHEN ZUSAMMENSITZT, MEINT MAN, ES WÄRE EINE MINUTE. SITZT MAN JEDOCH EINE MINUTE AUF EINEM HEISSEN OFEN, MEINT MAN, ES WÄREN ZWEI STUNDEN, SAGTE EINSTEIN EINST."

Das haben wir noch nicht gelernt.

Nein, ich habe nicht eingesagt, ich habe mich nur geräuspert.

DIE FRAGE KANN ICH AUS ETHISCH-RELIGIÖSEN GRÜNDEN NICHT BEANTWORTEN.

Die Antwort kann ich nicht geben, weil sie uns das noch nicht beigebracht haben.

Wissen Sie selbst denn die Antwort auf die Frage?

Sie haben mir die Frage, die ich letzte Stunde gestellt habe, auch noch nicht beantwortet.

Ich war in der letzten Stunde krank.

ICH KONNTE NICHT LERNEN, WEIL WIR GERADE SO VIELE SCHULAUFGABEN SCHREIBEN, DASS ICH DAS NICHT AUCH NOCH GESCHAFFT HABE.

Der Mathematiklehrer stellt beim Ausfragen eine schwierige Frage. Da antwortet der Schüler spontan: „Nächste Frage bitte."

Letzte Woche hieß es noch, dass diese Stunde keine Abfrage stattfindet.

Ich würde zur Beantwortung dieser Frage gerne den Telefonjoker ziehen.

Ich hatte leider keine Zeit zu lernen, weil ich gestern den ganzen Tag versucht habe meine Hausaufgabe an den Nachbarshund zu verfüttern.

Verzeihung, diese Frage kann ich nicht beantworten, weil mein Banknachbar so leise flüstert, dass er sich nicht einmal selbst versteht.

Lernen war unmöglich die letzten Tage. Es war einfach zu schönes Wetter.

Montagmorgen betritt der Lehrer das Klassenzimmer und ruft einen Schüler zur Ausfrage nach vorne. Der Schüler teilt dem Lehrer mit, dass er am Wochenende nicht lernen konnte. Auf die Frage nach dem Grund antwortet der Schüler: „Meine Eltern sind mit mir und meinem kleinen Bruder am Samstag zu IKEA gefahren und haben uns im Smoorland zurückgelassen. Am Abend waren plötzlich alle weg, als ich und mein Bruder unter den bunten Plastikkugeln auftauchten. Gefunden hat man uns dann erst am Sonntagabend wieder."

EIN LEHRER RUFT EINEN SCHÜLER ZUR AUSFRAGE AUF. DER SCHÜLER HÄLT NUR EIN SCHILD IN DIE HÖHE, AUF DEM GESCHRIEBEN STEHT: VERZEIHUNG, ABER ICH DARF WEGEN EINER LARYNGITIS NICHT SPRECHEN.

Wegen einer akuten Lernschwäche die letzten Tage konnte ich mich leider nicht auf den Unterricht vorbereiten, deshalb wäre ich Ihnen sehr dankbar, wenn Sie einen meiner Mitschüler zur Ausfrage bitten würden.

SIE STELLEN HEUTE ABER SCHWIERIGE FRAGEN, BIN ICH IHNEN MIT IRGENDEINEM VERHALTEN AUF DIE FÜSSE GETRETEN?

Ich weigere mich vehement gegen eine Ausfrage in Mathematik, da diese schriftlich an der Tafel erfolgt und mit dem Begriff „Ausfrage" nichts aber auch rein gar nichts zu tun hat.

Ich bin heute in keiner guten geistigen Verfassung, deshalb wäre ich Ihnen äußerst dankbar, Sie würden mich heute nicht zur Ausfrage nach vorne bitten.

Meine Katze hat Nachwuchs bekommen, deshalb bin ich nicht dazu gekommen zu lernen.

Mein Schulkamerad hat nicht eingesagt! Meine Hirnwindungen sind nur manchmal so laut, wenn ich angestrengt nachdenke.

Meine Schildkröte hatte einen akuten Schnupfen und ich habe die Tage an ihrem Krankenbett gewacht und hatte deshalb keine Zeit zu lernen. Das verstehen Sie doch sicher?

WIR HATTEN EINEN ROHRBRUCH ZU HAUSE.
DADURCH SIND ALLE MEINE UNTERLAGEN
UNLESERLICH GEWORDEN UND ICH KONNTE MICH
NICHT AUF DIE AUSFRAGE VORBEREITEN.

Ich flüstere nicht, ich denke laut!

Mir wurde nicht eingesagt, da hat jemand gehustet.

EIN SCHÜLER BEANTWORTET EINE FRAGE
BEIM AUSFRAGEN MIT EINER SEHR ABWEGIGEN
GESCHICHTE. DER LEHRER FRAGT IHN, WESHALB
ER SICH FÜR DIE FRAGE EINE GESCHICHTE
AUSGEDACHT HAT. SCHÜLER: „FANTASIE IST
WICHTIGER ALS WISSEN, DENN WISSEN IST
BEGRENZT, HAT ALBERT EINSTEIN GESAGT."

Wegen einer Stimmbandentzündung
kann ich leider nicht ausgefragt werden.

Wie würden Sie denn die Frage beantworten, Herr Lehrer?

Mein Chinchilla hat Schnupfen und musste die ganze Nacht niesen. Das hat mir den Schlaf geraubt, deshalb würde ich Sie bitten, mich heute bei der Ausfrage zu verschonen.

Darf ich den Publikumsjoker ziehen?

AUF DEM SCHULWEG HEUTE BIN ICH IN EIN STRASSENSCHILD GELAUFEN UND HABE ALLES VERGESSEN, WAS ICH DIE LETZTEN TAGE GELERNT HABE.

Sie fragen heute in Geografie aus? Ich dachte, wir haben heute Biologie! Da muss ich mich wohl im Tag geirrt haben. Jetzt habe ich mich leider auf das falsche Fach vorbereitet.

Heute ist Montag und Montag ist Schontag!

Angeblich fragen Sie heute nicht aus, hat man mir gestern mitgeteilt, deshalb habe ich mich nicht vorbereitet.

Es ist Winter und der Lehrer ruft einen Schüler zur Ausfrage auf. Der Schüler hält ein Schild nach oben, auf dem steht: „Bei uns zu Hause ist die Heizung ausgefallen, daraufhin habe ich mich so erkältet, dass ich nicht sprechen kann."

Heute ist Scheidungstag meiner Eltern. Da bin ich immer so traurig, dass ich mich nicht konzentrieren kann.

Auf dem Weg zur Schule hat mich ein Blitz getroffen und jetzt habe ich eine Amnesie und kann mich an nichts erinnern, was ich gelernt habe.

Ein Feuer in der Elektrik unseres Hauses hat alle meine Schulunterlagen zerstört. Da war an lernen nicht mehr zu denken.

MEINE MUTTER HAT MICH HEUTE ZUR SCHULE
GEFAHREN UND EINMAL SO STARK GEBREMST,
DASS ICH ALLES GELERNTE VERGESSEN HABE.

Ich habe leider vergessen mir einen Spicker
zu schreiben, deshalb können Sie mich
heute nicht ausfragen.

Auf diese Frage weiß ich
leider keine Antwort.
Andere Lehrer stellen aber
auch viel leichtere Fragen!

Ich habe leider akustisch nicht verstanden,
was mein netter Schulkamerad mir einsagen
wollte, also kann ich die Frage leider nicht
beantworten.

Ich konnte mich leider nicht auf diese Stunde vorbereiten, weil mein kleiner Bruder krank ist und ich mich die letzte Zeit um ihn kümmern musste, weil meine Eltern gerade beide viel Arbeit haben.

Unsere Nachbarn haben jetzt Gänse.
Die haben die ganze Nacht geschnattert.
Ich konnte kein Auge zu tun. Meine
geistige Leistung ist so niedrig, dass ich
eine Ausfrage heute nicht schaffe.

ICH HABE HEUTE GEBURTSTAG
UND WÜNSCHE MIR VON IHNEN,
DASS SIE MICH NICHT AUSFRAGEN.

Mein Banknachbar hat eine Stimmbandentzündung und kann mir nicht einsagen,
deshalb können Sie heute mit keinen korrekten
Antworten meinerseits rechnen.

Wir hatten heute schon eine deprimierende Schulaufgabe, vielleicht ersparen Sie uns die Ausfrage dafür.

Ich habe ein Schweigegelübde abgelegt, ich kann leider nicht ausgefragt werden.

ICH HABE GESTERN MEINEN SCHULRANZEN IN DER SCHULE VERGESSEN UND KONNTE MICH DESHALB NICHT AUF DIE STUNDE VORBEREITEN.

Meine kleinen Geschwister haben mich gestern beim Indianer spielen an einen Marterpfahl gebunden und dort vergessen. Meinen Eltern ist erst beim Abendessen aufgefallen, dass ich fehle. Als ich befreit war, war es schon so spät, dass ich gleich ins Bett gegangen bin und nicht mehr lernen konnte.

Das schnellste Tier der Erde?
War das nicht der Igel aus
„Der Igel und der Hase"!?!

Ich bin nicht befugt, darauf zu antworten.

Mein Hund hat eine schwache Blase und
ich muss derzeit alle 30 Minuten mit ihm
nach draußen, auch nachts. Ich bin so
müde, dass ich mich an nichts erinnern
kann, was ich gelernt habe.

Ihre Fragen werden immer schwerer,
Herr Lehrer. Ich würde vorschlagen,
dass wir an dieser Stelle Schluss
machen.

MEIN ANWALT SAGT, DASS ICH OHNE SEIN
BEISEIN KEINE FRAGEN BEANTWORTEN SOLL.

HEUTE HAT EIN **LKW** DIREKT NEBEN MIR GEHUPT.
SEIT DEM HÖRE ICH LEIDER NUR NOCH BRUCHSTÜCKHAFT.

Ich möchte gerne nicht ausgefragt werden, weil ich unter einem akuten Infekt leide, der durch Tröpfcheninfektion weitergegeben wird und mir liegt das Wohl meiner Klassenkameraden sehr am Herzen.

Ich war letzte Stunde krank, deshalb wäre es nur fair, wenn Sie mich diesmal nicht ausfragen würden.

Ich bin durch einen zwickenden Schmerz in der rechten Schulter so abgelenkt, dass ich fürchte, mich nicht auf eine Ausfrage konzentrieren zu können.

MEIN SPICKER IST LEIDER VERSCHMIERT, DESHALB WERDE ICH BEI EINER AUSFRAGE NICHT BESONDERS GUT ABSCHNEIDEN.

*Ich hatte nur wenig Zeit zum Lernen, weil ich
zu einem Fußballspiel ins Stadion eingeladen
wurde. Top Plätze versteht sich! Sie können sicher
verstehen, dass ich mir diese einmalige Chance
nicht entgehen lassen konnte.*

Meine Souffleuse ist krank, deshalb
bitte ich darum, mich heute nicht
auszufragen.

Meine emotionale Stabilität lässt
es heute leider nicht zu, mich von
Ihnen ausfragen zu lassen.

DIE MEDIEN POSTULIEREN:
SCHÜLER HABEN IMMER WENIGER FREIZEIT. ICH SEHE DAS EBENSO,
DESHALB HABE ICH MICH NICHT AUF DIESE STUNDE VORBEREITET.

Ein Schüler nuschelt, als ihn der Lehrer zur Ausfrage aufruft: „Ich kann nicht richtig sprechen, weil ich eine allergische Reaktion hatte und meine Zunge noch recht geschwollen ist."

Ich habe zwar gelernt, war heute Nacht aber viel zu lange wach, weil ich das Gelernte noch verarbeiten musste. Nun bin ich so müde, dass meine geistige Leistung gegen Null geht.

Auf dem Schulweg bin ich heute mit dem Fahrrad in einen offenen Kanalschacht gefahren und gestürzt. Seitdem kann ich mich an nichts erinnern, was ich gelernt habe.

Mir ist eingefallen, dass mir nichts einfällt, obwohl mir eigentlich bei der Ausfrage schon etwas einfallen sollte.

Ich habe nicht rübergesehen, ich wollte nur sehen, ob mein Platznachbar gute Sicht auf mein Blatt hat.

Spicken?
Was ist das?

Lehrer: „Die Augen bitte auf dein Blatt!"
Schüler: „Ich würde sie aber gerne in den Augenhöhlen lassen."

ICH HABE NICHT GESPICKT, ICH HABE NUR RECHTS IM AUGENWINKEL EINE HEKTISCHE BEWEGUNG GESEHEN UND REAGIERT.

Ich suche nur meinen Radiergummi, ich habe nicht auf das Blatt meines Nachbarn gesehen.

Das ist eine Tätowierung auf meinem Unterarm, kein Spicker.

SPICKEN BILDET DEN CHARAKTER, HAT MIR MAL JEMAND GESAGT, DESHALB TUE ICH DAS AUCH.

Das sind keine Antworten auf meinem Spicker, sondern nur Eselsbrücken, ehrlich!

Dem Lehrer fällt auf, dass ein Schüler während einer Kurzarbeit ziemlich verkrampft auf seinem Stuhl sitzt und fragt, ob etwas nicht Ordnung sei. Darauf antwortet der Schüler gerade heraus: „Ich habe leider den Spicker falsch herum auf meinen Unterarm geschrieben."

Ich blicke nicht auf die Prüfung meines Nachbarn, sondern schiele von Natur aus!

Keine Sorge, das, was mir mein Banknachbar zugeflüstert hat, war ohnehin falsch.

ICH HABE KEINEN SPICKER, ICH HABE MIR DIE ANTWORTEN NUR AUF DEM UNTERARM NOTIERT.

Mein Vater sagt immer, man muss auch lernen unkonventionell zu arbeiten, deshalb habe ich nicht gelernt und mich auf die Notizen in meinem Federmäppchen verlassen.

Würden Sie die Fragen nicht
so schwer machen, müsste ich
nicht spicken.

Spicken bildet eine gesunde
Vorbereitung auf das wirkliche
Leben mit all seinen Oberflächlichkeiten, habe ich letztens
gelesen.

Um den Stoff zu lernen, habe ich ihn notiert.
Als ich dann die Notizen in der Hand hatte,
dachte ich mir, schade drum, wenn ich sie nun
wegwerfe, deshalb liegen sie heute in meinem
Mäppchen.

Ich kann auch nichts
dafür, wenn mein Vorder-
mann seine Aufgaben
so hinlegt, dass ich genau
draufblicken kann, wenn
ich von meinem Tisch nach
vorne sehe.

ICH SPICKE NICHT, ICH BLICKE NUR ZUFÄLLIG KONZENTRIERT AUF DAS MÄPPCHEN MEINES NEBENMANNES.

Herr Lehrer, lassen Sie sich nicht von meinem Blick irritieren, der ist angeboren.

Das ist lediglich ein Stück Papier mit unbedeutenden Schriftzeichen. Spicker ist das keiner!

ZUFÄLLIG BESTEHT MEINE NEUE TÄTOWIERUNG AUF MEINEM UNTERARM AUS DEM AKTUELLEN BIOLOGIESTOFF. WAS FÜR EIN ZUFALL, ODER?

Ich schau nur auf die Schulter meines Vordermannes, weil da eine Fliege saß, nicht auf sein Blatt.

Ich habe eine Zerrung im Hals, deshalb muss ich meinen Kopf so weit nach rechts drehen.

DAS HEFT AUF MEINEM TISCH GEHÖRT ZU EINEM ANDEREN UNTERRICHTSFACH. DAS HAT NICHTS MIT DER SCHULAUFGABE ZU TUN.

Ich hatte einen Spicker, das ist richtig.
Mir ist aber aufgefallen, dass ich alles
kann, deshalb wäre es unfair, wenn Sie
mich bestrafen würden.

Ich würde nie spicken,
sonst habe ich ja umsonst
die ganze Nacht gelernt.

ICH HABE MEINE BRILLE ZU HAUSE
VERGESSEN, ICH KANN ÜBERHAUPT
NICHT SPICKEN!

Wenn mein Banknachbar sein Blatt
in mein Blickfeld schiebt, kann ich
doch nichts dafür.

Ich habe natürlich keinen Spicker
in meinem Mäppchen, das ist nur
ein Kaugummipapier.

Spicken liegt mir vollkommen fern, sonst hätte ich mir ja das Lernen sparen können.

Mein Spicker ist leider runtergefallen, deshalb kann ich gar nicht gespickt haben!

SPICKEN IST NICHT MEIN DING, ICH SCHREIBE LIEBER AB.

Bei so vielen Prüfungen muss man ja irgendwann beginnen zu schummeln.
Das nennt man Effizienz!

Ich habe eine Verspannung im Nacken, die meinen Kopf automatisch in eine Richtung zieht.

ICH HABE NUR EIN TASCHENTUCH AN MEINEN BANKNACHBARN GEGEBEN, HABE ABER NICHT GESPICKT!

MIR IST EINE KONTAKTLINSE VERRUTSCHT, DESHALB KANN ICH GAR NICHT SPICKEN!

Der Nebenmann hat so ein miserables Schriftbild, dass spicken ohnehin sinnlos wäre.

Der Akku von meinem Smartphone ist leer, deshalb kann ich gar nicht spicken.

Nicht aufgepasst, aber trotzdem eine gute Antwort parat

Sorry, ich habe die Frage akustisch nicht verstanden.

Entschuldigung, mein Banknachbar hat mich gerade abgelenkt.

EIN SCHÜLER BLICKT GEDANKENVERLOREN ZUM FENSTER HINAUS.
LEHRER: „WAS SCHAUST DU DENN NACH DRAUSSEN?"
SCHÜLER SPONTAN: „DA FLIEGT EINE KUH VORBEI!"
LEHRER REISST ÜBERRASCHT SEINEN KOPF ZUM FENSTER UND RUFT: „WO!?!"

ICH HATTE EBEN EINEN PFEIFTON IM OHR UND DESHALB IHRE FRAGE NICHT VERSTANDEN, HERR LEHRER.

*Würden Sie die Frage bitte nochmals
wiederholen, ich habe sie inhaltlich nicht
in ihrer Gesamtheit erfassen können.*

Verzeihung, ich war gerade abgelenkt, weil
mir eingefallen ist, dass ich den Schlüssel
an meinem Roller stecken habe lassen.

Wären Sie so freundlich und würden
Ihre Frage noch mal wiederholen
und etwas lauter sprechen, dann kann
ich es hier hinten besser hören.

Verzeihung, ich bin wohl kurz eingenickt,
weil mich meine Schwester die ganze Nacht
wach gehalten hat, sie ist nämlich erkältet
und ich kümmere mich um sie.

Ich war gedanklich eben abgelenkt, weil mein Hamster gerade beim Tierarzt ist und ich mir Sorgen mache, Entschuldigung.

DA WAR GERADE EIN MERKWÜRDIGES ZIEHEN IN MEINEM KLEINEN FINGER, DESHALB WAR ICH KURZ ABGELENKT, WAS MEINTEN SIE GERADE?

Ein Lehrer stellt einem Schüler eine Frage.
Der Schüler blickt etwas verwirrt in Richtung des
Lehrers und bittet um die Wiederholung der Frage.
Der Lehrer wiederholt die Frage, der Schüler blickt
immer noch etwas wirr nach vorne und fragt
den Lehrer, ob er die Frage lauter stellen könne.
Da wird der Lehrer ungeduldig und fragt mit
forscher Stimme, wo denn das Problem läge.
Darauf der Schüler: „Ich war gestern auf einem
legendären AC/DC-Konzert. Heute höre ich leider
nur noch ein durchgehendes Piiiiiiiiip."

196

Ein Schüler scheint abwesend und besorgt zu sein. Der Klassenlehrer fragt ihn, was ihn denn bedrückt. Darauf antwortet der Schüler: „Meine Mutter hat mir einen Brief geschrieben, weil sie heute Morgen sehr früh zur Arbeit musste und ich weiß nicht, wo ich heute etwas zu Essen bekomme."

Lehrer: „Was hat denn das Eine mit dem Anderen zu tun?"

Schüler: „Der letzte Satz lautet: ‚Leider habe ich den Brief schon zugeklebt und vergessen dir Geld für Essen mit reinzulegen'."

ICH WAR GERADE KURZ EINGESCHLAFEN, VERZEIHUNG! DAS IST BEI MIR GENETISCH, HAT MEIN HAUSARZT GESAGT.

Die dritte Wurzel aus acht ist zwei, antwortet der gefragte Schüler. Der Lehrer blickt etwas verwirrt drein und sagt: „Wir haben aber gerade Biologie."

Ein Schüler reagiert nicht auf eine gestellte Frage.
Der Lehrer spricht deutlich lauter den Schüler direkt an.

Der Schüler schreit: „Verzeihung! Heute Nacht war so
ein Lärm, dass ich Ohropax eingesetzt habe. Nur leider
habe ich es immer noch nicht wieder rausbekommen."

Entschuldigung, ich habe eben nicht
aufgepasst, weil meine Katze krank
ist und ich an sie denken musste.

Ich war eben nicht ganz bei
der Sache, weil ich noch über
eine Fragestellung aus der
letzten Stunde nachgedacht
habe, könnten Sie die Frage
wiederholen?

$$a^2 + b^2 = c^2$$

Wie bitte? Der Schall hat es nicht bis zu mir geschafft.

ICH LASSE IHNEN DIE ANTWORT GERNE MORGEN SCHRIFTLICH IN DOPPELTER AUSFÜHRUNG ZUKOMMEN.

VERZEIHUNG, ICH WAR IN GEDANKEN GERADE BEI MEINEM LEGUAN. SIE MÜSSEN WISSEN, DASS DER GERADE SCHNUPFEN HAT.

Ich kann Sie nicht hören, ich habe eine Mittelohrentzündung und Watte in den Ohren.

MEIN KLEINER BRUDER WIRD HEUTE EINGESCHULT UND ICH MUSSTE GERADE DARAN DENKEN, OB ER SICH WOHL GUT ZURECHTFINDET. DAS HAT MICH EBEN ETWAS ABGELENKT UND ICH KONNTE IHNEN DESHALB LEIDER NICHT GANZ FOLGEN.

Warten Sie bitte kurz! ... ... Nein, Ihre Frage ist in meinen Hirnwindungen nicht angekommen, ich bitte um Wiederholung.

Wie war das gleich noch mal, Sie sagten etwas von ... ... Oh, jetzt ist es mir entfallen.

Verzeihung, mein Geist war gerade kurz abwesend. Wo genau er war, kann ich leider nicht sagen, weil ich nicht aufgepasst habe.

ACH, SIE MEINTEN MICH! ICH DACHTE, SIE MEINTEN DEN KLASSENKAMERAD, DER DEN GLEICHEN NAMEN HAT WIE ICH.

ICH HABE GERADE MEINEN KOPF SCHIEF
GEHALTEN, DA SIND IHRE WORTE GLATT
DURCH DAS EINE OHR ZUM ANDEREN
HINAUSGERUTSCHT, VERZEIHUNG. WAS DIE
SCHWERKRAFT ALLES ANSTELLT!

Ich konnte Ihre Frage nicht verstehen. Sie müssen
lauter sprechen, ich sitze zu weit hinten und meine
Kameraden machen so viel Krach.

WIE WAR DAS?

WIR HABEN GERADE MATHE ODER BIO?

Nächste Frage bitte!

Ich war kurz abgelenkt, weil sich
beim letzten Sturm das Dach
unseres Hauses abgedeckt hat.
Jetzt habe ich die Befürchtung,
dass es meine Schulunterlagen
wegwehen könnte.

Mein Vogel hat sich den Schnabel verrenkt und ich habe gerade darüber nachgedacht, wie ich den wohl wieder einrenken könnte, deshalb habe ich nicht aufgepasst, Verzeihung.

Der Busfahrer hat heute Morgen scharf gebremst und ich bin mit dem Kopf an den Vordersitz gestoßen. Seitdem funktioniert mein Kurzzeitgedächtnis nicht mehr. Sie müssten also Ihre Frage bitte noch einmal wiederholen.

Ich soll wiederholen, was Sie gesagt haben!?! Ich bin doch kein Papagei!

Ich bin dem Unterricht schon gefolgt, ich habe nur Schwierigkeiten mir alles zu merken, weil der Lehrer vor Ihnen schon verlangt hatte, dass ich mir alles merke. Und nach der Stunde war mein Kopf schon voll.

Ich kann, seit ich gestern über die letzten drei
Stufen der Schultreppe gestolpert bin, kaum
etwas hören und Lippenlesen konnte ich so
schnell nicht lernen.

Sie nuscheln manchmal.
Könnten Sie die Frage bitte
nochmals wiederholen?

Ich höre zurzeit sehr
schlecht. Sie müssten
etwas lauter sprechen.

Ich habe schon aufgepasst, mein Kurzzeitgedächtnis funktioniert nur nicht richtig, deshalb habe ich Ihre Frage schon vergessen, bis Sie mich aufgerufen haben.

Verzeihung, ich war kurz geistig abwesend, weil es hier so kalt ist.

Ich habe gerade Unterzucker, das lenkt mich so ab, dass ich eben nicht aufgepasst habe.

Mein großer Zeh hat gerade so dermaßen gejuckt, dass ich nicht aufgepasst habe, Verzeihung.

Ich war eben abgelenkt, weil mein Stift runtergefallen ist, könnten Sie wiederholen, was Sie gesagt haben?

Mir ist eben eingefallen, dass mich meine Mutter gebeten hatte, die Kaffeemaschine auszuschalten, wenn ich aus dem Haus gehe, deshalb habe ich gerade nicht zugehört.

Mein Banknachbar hat mir gerade einen super Witz erzählt, da konnte ich mich doch nicht auf den Unterricht konzentrieren.

Ich frage mich immer noch, wie es sein kann, dass in meinem Stundenplan steht, dass wir jetzt Bio haben, tatsächlich haben wir aber Deutsch. Das hat mich so abgelenkt, dass ich Ihnen gerade nicht folgen konnte.

Mein Kater hat einen Schnupfen und ich musste gerade daran denken, wie es ihm wohl geht, deshalb war ich eben geistig etwas abwesend.

Ich muss wohl kurz eingenickt sein, können Sie Ihre Frage wiederholen?

Mir fällt gerade auf, dass mir nicht einfällt, was Sie Ausfallendes geäußert haben, weil ich nicht aufgepasst habe.

ICH HABE ETWAS KONZENTRATIONS-SCHWIERIGKEITEN, WEIL ICH GESTERN MIT DEM FAHRRAD GESTÜRZT BIN.

Verzeihung, was sagen Sie? Mich juckt es
gerade so an der Fußsohle, dass ich mich
nicht konzentrieren kann.

ICH BIN IHNEN GEDANKLICH DURCHAUS
GEFOLGT, ICH HABE ES NUR NICHT VERSTANDEN.

Ich habe tatsächlich eben nicht aufgepasst.
Meine Mutter hat mir ein Rätsel gestellt,
das mir nicht mehr aus dem Kopf geht.

Mir ist eben eingefallen, dass ich vergessen habe,
mein Fahrrad abzuschließen, deshalb habe ich kurz
nicht aufgepasst.

Ich musste gerade an die Schulaufgabe in der letzten Stunde denken und war deshalb gerade geistig nicht anwesend.

Ich hab so Durst, dass ich mich nicht auf den Unterricht konzentrieren kann.

Entschuldigung, mir ist eben eingefallen, dass meine Mutter heute Geburtstag hat und ich kein Geschenk habe. Das hat mich jetzt abgelenkt.